基督教文化研究丛书

主编 何光沪 高师宁

初编 第 **3** 册

查尔斯·泰勒与世俗化理论

吕绍勋 著

花木兰文化出版社

国家图书馆出版品预行编目资料

查尔斯·泰勒与世俗化理论／吕绍勋 著 -- 初版 -- 新北市：花
木兰文化出版社，2015〔民 104〕
目 2+160 面；19×26 公分
（基督教文化研究丛书 初编 第 3 册）
ISBN 978-986-404-194-7（精装）
1. 神学 2. 世俗化
240.8   104002082

ISBN-978-986-404-194-7

9 789864 041947

基督教文化研究丛书
初编 第三册   ISBN：978-986-404-194-7

查尔斯·泰勒与世俗化理论

作　　者 吕绍勋
主　　编 何光沪 高师宁
执行主编 张　欣
企　　划 北京师范大学基督宗教文艺研究中心
总 编 辑 杜洁祥
副总编辑 杨嘉乐
编　　辑 许郁翎
出　　版 花木兰文化出版社
社　　长 高小娟
联络地址 台湾 235 新北市中和区中安街七二号十三楼
　　　　　电话：02-2923-1455 ／ 传真：02-2923-1452
网　　址 http://www.huamulan.tw 信箱 hml810518@gmail.com
印　　刷 普罗文化出版广告事业
初　　版 2015 年 3 月
定　　价 初编 15 册（精装）台币 28,000 元   版权所有 请勿翻印

查尔斯·泰勒与世俗化理论

吕绍勋 著

作者简介

吕绍勋，复旦大学哲学博士，加拿大维真学院（Regent College）访问学者，现任职于青岛市社会科学院，主要研究领域为基督教哲学、政治哲学与社会学理论。

提　　要

　　"世俗化"作为宗教社会学领域的一个核心性概念，依然有待于全面的考察。这种考察是多面向的，包括对世俗化概念进行语源学和思想史的追溯，对世俗化理论形态及其回应的梳理，对世俗化精神实质和基本结构的界定，对世俗化视野下西方社会结构变迁的透视，以及世俗化在政治领域、公共领域和私人领域所造成的后果等。考察世俗化的意义乃在于，为理解现代道德秩序的重建与自我认同的危机，提供一个切实的思想境况。这正是查尔斯·泰勒关心世俗化问题的主旨所在，他称之为"信仰的条件"。即：世俗化在否定了超验维度的同时，打破了传统的道德秩序，摒弃了道德地形图中的超善；而超善的缺失使得自我理解走向了一条内在转向的道路。这种内在转向开出来的是现代精神的多元化，包括分解式理性、浪漫主义、基督教的理性化、自然神论、泛神论和无神论等。多元化是世俗化的必然结果。这种世俗化视阈下对现代精神状况的考察，不仅对于基督宗教理解自身的处境，而且对于每一个关心现代道德秩序的人，都是大有助益的。

目次

前　言

在这个时代，我们对于应付周围的事物，越来越感到力不从心；它们的繁多不再体现出一种完整的丰盛，而是如此支离不堪，旋转不定，并且以一种极其迅疾的力度压迫着我们。"一切坚固的东西都烟消云散了！"我们失去了一种真实可靠的处身感，身前身后的东西，也不再提供可以参考的秩序。如果说当今人类首要的一个共同特点，恐怕是：我们正在经历一场有史以来从未有过的全体性的焦虑，可怕的空虚令人无处可藏，生存的意义与方向感近乎失落。

这就是所谓的现代性的后果。我们还可以无休止地罗列下去，但这会成为一种不合分寸的呓语。现代的思想者们，已对这些现代性的后果给出了众多解释，并刨出了某些隐藏着的思想的痼疾。这对我们理解自身的处境大有助益。

对于现代社会，任何化减式的理解都是不恰切的。试图"概括地讲"的叙述方式，不但不能真实地理解我们的生活处境，反而会带来障碍。现代人的叙述似乎不再是一种"除蔽"的方式了，而更多地带着"遮蔽"的意味——他们好像在试图掩盖着什么，或他们不得不掩盖着什么，并为此感到不安。这是现代人普遍感到的一种困境。如果非要用一种表述方式来概括现代社会的话，我们只能说它是多元化的，甚至是碎片化的。

然而，人们却牢牢地被化减式的理解方式吸引着，其中一个与我们的论题密切相关的就是：我们生活在完全世俗化了的时代，任何关于宗教的讨论，都是落后的或没有意义的。这种观念在当代中国尤其普遍，这当然与中国特殊的历史境遇和传统有关。然而，在西方基督教传统的国家，这种观念也是十分普遍的，这就很值得思考了。为什么这种理解方式，会如此普遍地被接受？或许，我们不得不选择一种言说方式，而这种世俗化的言说，则是一种比较便捷的方式？事实真是如此吗？这是我们理性的选择，还是某种想象？甚至是某种压力下的行为？近代西方思想史，出于各种原因，有神论的信仰被宣判为是"强权的"，从而是需要改造的，是"落后的"，从而是需要改进的；同时，宗教传统内部的分化，也使得宗教信仰所提供的统一的世界意义破碎了。在这个所谓的世俗时代，我们首先感到的，是这个世界难以提供意义；其次，即使它仍然提供意义，这些意义之间也彼此冲突，让人感到无所是从。

另外，人们之所以普遍有这种观念，也是因为世俗化确实影响到了日常生活的众多领域。但我们需要澄清的是，它的影响远远不是所有的领域，即使是它所影响到的领域，也不是完全被它占领。例如，一个明显让人觉得和世俗化问题没什么关系的，是穆斯林社会。如果说中国也处在世俗化的过程中，就更让人觉得格格不入了。再例如，另一个让世俗化的言说方式感到困难的，是在葬礼上。当面对死者亲属的时候，我们离开宗教式的言说方式，几乎无法开口。我们或者说他的灵魂已经得救了，或者说他已经得到安息了，再或者说他在天之灵也不愿意看到你这么伤心。我们唯一不可能说，人死如灯灭，他已经完完全全消失了。这里不但牵扯到自我与他者的问题，而且隐含着生者如何面对死亡、如何定位自身生存意义的问题。

其实，世俗化问题对于基督徒（包括中国基督徒）来说，并不一定是一个很有吸引力的问题，因为它并没有像大多数人所想象的那样，对他们信仰的热情构成了极大的威胁。他们更多的是借助《圣经》中的教导，以一种反思的态度，来面对这个问题。

这个问题所兴起的语境，主要是欧洲和北美基督教国家，尤其是学术界。那种认为我们整个的时代和所有的社会（包括非基督教国家，如中国），都世俗化了（或都存在世俗化问题）的看法，其实是世俗主义思想影响下的一种"社会想象"。正是这些世俗主义者，将世俗化问题扩大成了整个的现代化问题。其实，"从社会学的角度看，世俗化现象是一个广泛得多的过程，即现代化过程的组成部分。当然，在基督教神学的背景中，与世俗性（或来源于世俗化的成熟思想）的对话和与现代性的对话，或者说与众所周知的'现代人'（布尔特曼和其他人认为，这种现代人不能相信《新约》的世界观）

对话，是完全一样的。"[1]从这个方面来看，所谓的世俗主义者，其实是现代性的提倡者。只是他们将现代性狭隘地等同为了世俗性，或者说，将世俗性扩大成了现代性。他们之所以这样做，一个深层的原因，是他们认为现代化作为不可抗拒的历史趋势，为世俗化提供了依据，以便否定原来的基督教神学的世界观念。

世俗化问题虽然在学界已经得到了广泛而充分的讨论，并且已经有人对世俗化问题进行了"补充观点"式的归纳，[2]但这并不影响我们进一步讨论它，尤其是在当代中国语境下讨论它的必要性。对中国而言，讨论世俗化问题尤其复杂。首先，世俗化问题是基督教国家内部的事情，它指的是基督教传统中社会变革和精神变革的进程。世俗化问题与其他的社会形态，如印度、穆斯林国家，以及中国，原本是毫不相干的。而且，即使是基督教国家内部，情况也大不相同，它在东正教、罗马天主教，以及新教中，都有不同的表现形式和历史进程。讨论世俗化问题，需要有比较严格的范围限定，所以查尔斯·泰勒（Charles Taylor）在讨论这个问题时，便仅仅将范围限定于拉丁基督教，即北大西洋基督教国家。[3]其次，由于中国从来都不是一个基督教化的国家，所以，在中国讨论世俗化问题，总会给人一种不适感。这个问题本不是我们的问题，但这种不适感又恰恰说明，这个问题正在以一种说不清的方式影响着我们，所以我们必须以一种真诚的努力，使这个问题澄明起来。或者，更清楚地说，中国虽然没有经历一个世俗化的蜕变过程，却实实在在地把世俗化之后的产儿迎回了家，如科学、自由、民主等核心价值观，无不是脱胎于基督教的、世俗化的产物。我们既没有追问它们的家世，也没有考量它们的健康状况，就慌慌张张、欢欢喜喜地迎了回来，作为普世真理供奉起来，并做成盔甲，上下武装，向自己的老祖宗开战。第三，我们显然无法讨论中国的世俗化。至于中国是否存在一个非基督教性质的世俗化（或平民化）问题，属于另外一个领域。当然，我们并不预期通过讨论基督教世界的世俗化问题，就能解除在中国所感受到的这种不适。

1　彼得·贝格尔：《天使的传言：现代社会与超自然再发现》，高师宁译，何光沪校，中国人民大学出版社 2003 年，第 144 页。

2　见纪克之：《现代世界之道》"绪论"第七节，刘平、谢燕译，北京大学出版社 2010 年。

3　See Charles Taylor: *A Secular Age*, The Belknap Press of Harvard University Press, 2007, p.1.

　　既已承认世俗化问题本质上是一个西方基督教国家的问题，中国又委实不存在一个世俗化的过程，为何还要在这个问题上花费如此之大的工夫呢？因为：其一，如上文所述，世俗化问题虽然没有发生在中国，但它的后果，却被引入了现代中国，并且以一种极强大的力量重塑着中国人的现代心灵。其二，本书试图通过对世俗化的论述，探究一个极其根本而普遍的问题，即现代自我认同的危机。传统的道德框架是确定自我身位的前提，当这个框架崩塌、秩序散乱时，自我的定位将面临哪些困境？又如何解决这些困境？这些问题不仅是世俗化问题域下的问题，而且是一切现代性问题域下的问题。而回答这些问题，对于当代中国有着至关重要的紧迫性。

　　今天的基督教信仰，总体上而言，处在一种复杂的、多元化的境遇中。即使在西方基督教传统中，信仰上帝也不再像以前那样，是唯一的不可逃避的选择，而成了众多选择中的一种；而且这种选择，已经成了最不容易的一种。因为在公共理性当令的今天，信仰上帝这件事情，无法被证明其合法性何在。信仰上帝日益成为了一件私事。为了更好地理解为什么会产生这种困境，查尔斯·泰勒认为，应该对世俗化这个问题做出进一步的澄清。任何想象式的、化减式的理解，都会对正确应对信仰的危机，甚至人类自身的处境带来误导。在信仰上帝不再被无条件地接受的时候，澄清无信仰的人类处境，并指出信仰上帝的意义所在，也许就已经参与到救赎历史的进程之中了。

　　查尔斯·泰勒的成就是多方面的，其研究涉及政治哲学、道德哲学、分析哲学和宗教哲学等领域，同时他还是一位西方思想史和黑格尔研究专家。在查尔斯·泰勒宏阔的思想史叙述和细致入微的论说背后，始终有一个基本关怀，即：澄清世俗时代的处境，指出信仰上帝的意义，并由此重新确立人类精神重建的方向和彼此交谈的可能。在他的思想史研究中，世俗化这个问题占有着极其重要的地位，因为它是连接古代基督教社会和现时代的关键。

第一章　"世俗化"概念的根源与历史

在谈论"世俗化"（secularization）这个问题时，多多少少会让人感到有些混乱。因为"世俗化"这个概念有一个发展变化的过程，在不同的历史时期和不同的领域中使用它，往往会有不同的含义。有一部分学者认为，这个概念太容易造成思想上的混乱，应该将它抛弃，或者干脆声称它完全无意义。这其实都是一种畏惧困难的不负责任的态度，同时也是对自己智力的愚弄。因为抛弃世俗化这个问题，就不可能真正理解现代人的思维状况，也不可能理解现代人是如何定义"我是谁"的。为了更清楚地讨论这个问题，我们在进入问题本身之前，有必要对这个概念，做一个系统的梳理。

"世俗化"这个概念，起初是中性的描述；后来，在宗教之外和宗教之内，分别发展出了正面的和反面的情感色彩。在宗教之外的世俗主义者看来，世俗化是历史的进步；在宗教之内的信徒看来，世俗化是信仰的堕落。在宗教内部，对于谁应该为世俗化负责这个问题，也发生过争执，一般认为新教对世俗化负有不可推脱的责任。当然新教对于这个问题也给出了相应的回应，其实世俗化并不是新教所携带的新病毒，它是深深扎根在《圣经》之中的。有些学者甚至认为，世俗化是基督教信仰的必然结果，这个结果对于基督教信仰来说，并不是什么坏东西。

第一节　世俗的与凡俗的

"世俗化"（secularization）这个概念的根词是"世俗的"（secular），这是一个中性的形容词。而在学界，有一个词，即"凡俗的"（profane），经常与"世俗的"这个词相互混淆使用，很少对它们进行区分。为了更好地理解"世俗化"这个概念的原本含义，以及看清它在使用的过程中出现了哪些偏差和歧义，对"世俗的"和"凡俗的"这两个词进行区分和澄清，是颇有必要的。准确地讲，"世俗的"（secular）这个词是中性的，与它相对应的概念是"宗教的"（religious）；而"凡俗的"（profane）这个词具有强烈的情感色彩，与它相对应的概念是"神圣的"（sacred）。

Secular 这个词在十四世纪开始使用，它来源于诺尔曼时代在英国所用的法语（Anglo-French）*seculer*；*seculer* 则是源自于晚期拉丁语（Late Latin）的 *saecularis*；*saecularis* 则源自于拉丁语的 *saeculum*。*Saeculum* 的意思是："当前的世界"、"一代人"或"一个世纪"。所以 secular 这个词，是一个具有很强的时间感的概念。

"世俗的"这个词，后来成为了一种笼统的描述。人们用这个词来总括几个世纪以来的一种新的解释世界的方式，这种方式是指，人们不再采用宗教对世界的解释，而是用一种非宗教的眼光，关注于眼下的时代：所从事的事情，可以不具有宗教色彩（如非宗教音乐），尤其是公共领域，可以与教会和神职人员脱离联系（如民族国家和非宗教法院）。

我们再来看 profane 这个词。与 secular 这个词不同的是，它带有更多的反面色彩和空间意味。Profane 同样在十四世纪被使用，它来源于中古英语的 *prophanen* 这个词；而 *prophanen* 则来源于诺尔曼时代在英国所用的法语 *prophaner*，*prophaner* 则来源于拉丁语 *profanare*，*profanare* 又来源于 *profanus*，这个拉丁词的意思是："在某物之前"，或"在庙宇之外"。最初，profane 用来形容在古老的修道院和教堂之外所建造的新式的建筑物。后来，这个词用来形容一种对待宗教的态度，这种态度是粗俗的、不敬的、蔑视的。而这种态度，在宗教信仰者看来则是庸俗的、罪恶的和可耻的。所以，profane 这个概念，被用来描述一种反对宗教的言说和表达方式。使用这种表达方式者，有一种潜在的优越感，他们认为宗教是落后的，而凡俗的世界，或者说宗教之外的世界，则是一个更加开阔的领域，是更加"先进"的。这种对待宗教传统的态度采取了一种激进的方式，有某种革命的要素在里面。所以，对现代社会的进步历史观的影响，最明显的，且被公认的，是基督教的矢量（直线）时间观、乐观的启蒙理性和科学精神，以及不合时宜的社会进化论，但另外，这种认为凡俗比神圣更加走在前面的观念，也是不可忽视的因素之一。

由于一开始"凡俗的"与"世俗的"这两个概念没有被很清楚地区分使用，所以"凡俗的"这个概念所携带的对宗教的反感，后来就被整合进了"世俗的"这个概念之中。

总起来说，"世俗的"（secular）这个概念，由于其起初的中性色彩，也由于它与宗教领域之间的关联，其相对应的概念，应该是"宗教的"（religious）；它强调的，是某种永恒不变的、超验的东西，应该进入到历时（历史）性、经验性和内在性的考察。而"凡俗的"（profane）这个概念，由于其强烈的情感色彩，它所针对的，不仅仅是宗教领域本身，更主要的是由宗教事务反应出来的某种精神特质，即神圣性。所以，它与"神圣的"（sacred）相对应则更贴切。

米尔恰·伊利亚德（Mircea Eliade）将他的书命名为《神圣与凡俗》（*Das Heilige und das Profane*，英译：*The Sacred and the Profane*），正是在比较恰切的分寸上使用这对概念，而国内将此书翻译成《神圣与世俗》[1]，多多少少是因为对"世俗的"和"凡俗的"这两个概念，没有进行区分。当然，这不能归罪于译者，因为这对概念在使用的过程中，也确实越来越多地被混在一起，乃至于人们一提到"世俗的"这个概念时，就已经隐含了某种情感色彩在里面，即"凡俗的"这个概念所包含的东西。

第二节　世俗主义对宗教的偏见

世俗主义（secularism）指具有明显的反宗教色彩的社会实践运动和思想主张。Secularism 这个词，一般认为是在 1851 年（也有人认为是在 1846 年），由英国作家乔治·霍利约克（George Holyoake）第一次使用。霍利约克是个欧文主义（Owenism）者，曾领导"合作社运动"（Co-operative movement）和"自由思想运动"（freethought movement）；他同时也是个坚定的无神论者和怀疑论者；1842 年，他作为最后一个在公共演讲中亵渎上帝的人，被宣判有罪。"世俗主义"概念在霍利约克主办的杂志 *Reasoner* 中得到了进一步的发展。按照霍利约克本人的意思，这个概念，是要为人类的活动划清界限。他认为，日常生活中的问题，如果按照经验和理性便能得到解决，就不必助于宗教信仰。

1　米尔恰·伊里亚德：《神圣与世俗》，王建光译，华夏出版社 2002 年。

美国三一学院（Trinity College）的"社会与文化中的世俗主义研究协会"（Institute for the Study of Secularism in Society and Culture），致力于世俗主义的研究，相继开展了以下主题：2005 年至 2006 年，西方世俗传统的根源；2006 年至 2007 年，自然科学的基础与世俗传统；2007 年至 2008 年，世俗主义与启蒙运动；2008 年至 2009 年，世俗价值的全球性影响；2009 年至 2010 年，普通教育中的世俗传统。其领军人物巴里·科斯明（Barry Kosmin），在 2006 年 10 月 19-21 日俄勒冈州波特兰市举办的"宗教科学研究协会年会"上提出，世俗主义可以分为两种，即"强硬的世俗主义"（hard secularism）和"温和的世俗主义"（soft secularism）。强硬的世俗主义者认为，"宗教的命题，从认识论上来讲，就是非法的，它既没有理性的保障，也没有经验的保障。"[2]而温和的世俗主义者认为，"那种寻找绝对真理的企图，本身就是不可能的；因此，在讨论科学和宗教问题时，怀疑主义的和宽容的态度，应该是压倒性的原则和标准。"[3]

不论是强硬的世俗主义，还是温和的世俗主义，他们对于宗教的否定态度是一致的。这些否定中，有些是理性的廓清，有些则是受"凡俗的"这个概念的影响，是对宗教的偏见。如果宗教依然像以前那样，要对公共领域施加影响，则会遭到他们一致的反对。世俗主义者极力维护脱离宗教特权的个人权利，认为人类的行为与抉择（尤其是在公共领域），应该完全摆脱宗教的影响（不论是道德上的，还是利益上的），而建立在公共理性（public reason）的事实之上。世俗主义者认为，宗教的教义和论断是教条的和迷信的，阻碍了人类理性原则的运用和科学方法的发展，宗教领域的一切命题，如果用理性细细考量的话，都是无效的。用威廉·詹姆士（William James）的话说，就是"认为宗教大概只是一种过时现象，一种'遗俗'，一种'返祖式的'退转到更开明的人类已经长过头的那种思想方式之现象；"[4]这就是詹姆士经常提到的"遗俗说"。宗教就几乎等同于落后，宗教信仰者也就多是还没有找

---

2 Kosmin, Barry A.: "Hard and soft secularists and hard and soft secularism: An intellectual and research challenge." Society for the Scientific Study of Religion Annual Conference, October 19-21, 2006, Portland, Oregon.

3 Kosmin, Barry A.: "Hard and soft secularists and hard and soft secularism: An intellectual and research challenge." Society for the Scientific Study of Religion Annual Conference, October 19-21, 2006, Portland, Oregon.

4 威廉·詹姆士：《宗教经验之种种：人性之研究》，唐钺译，商务印书馆 2004 年，第 487 页。

到正确道路的人。那么，宗教信仰者为什么还依然坚持这种落后的世界观呢？在世俗主义者看来，只有两种可能性，第一，他们过于愚昧，或者，甘于沉浸在信仰的安慰中；第二，他们是既得利益者，不会轻易放弃自己的特权。所以，在世俗主义者眼中，宗教信仰者除了戴着"愚昧"这顶帽子之外，还披上了"虚伪"的外衣。

我们所生活的时代，对于宗教的偏见，基本上都来自于这种世俗主义的逻辑。当然，如果着眼于世俗主义的认识论和道德本体论的理解，就可以展开一种独特的近代西方思想史的讨论。

第三节 世俗化概念的冒险史

世俗化指的是这样一种社会和精神转型过程，即，从宗教价值定义一切，到不使用宗教价值来定义一切。这种变化既发生在公共领域，也发生在人类的心性意识中。在公共领域，这个概念首先是个社会学范畴的概念，这种宏观的转型，指的是排除宗教的影响，用世俗的方法来处理公共事务。在心性意识领域，世俗化这个概念则是个哲学概念，它所揭示的，是"人类思想内在的过程，也就是意识上的世俗化"[5]，是我们对于"我是谁"、"什么样的生活是有意义的"等问题的新的理解方式。

"世俗化"这个词起初是随着宗教战争而开始使用的，在十七世纪所签订的《威斯特伐利亚和约》（Peace of Westphalia）中，它指的是领土或财产脱离教会权力的控制，转移到了世俗的政权机构中。随后，这个词又被罗马天主教教会法所使用，用来表示曾经接受修道院或教会会规的人之回归"世界"，即还俗。[6]在这两种最初的用法中，"世俗化"是一个社会学概念，同时也是一个中性概念，它不作任何价值上的判断，而仅仅对当时的社会状况做出描述。但随着时间的推移，"世俗化"这个词的价值色彩越来越凸出，而且在不同的思想领域内，却可以具有完全相反的价值色彩；与其他术语的交互关联，也使它日渐显得扑朔迷离。正如彼得·贝格尔（Peter Berger）所说的那样，"'世俗化'这一术语曾经有一段冒险史。"[7]

---

5 彼得·贝格尔：《天使的传言：现代社会与超自然再发现》，高师宁译，何光沪校，中国人民大学出版社 2003 年，第 4 页。

6 见纪克之：《现代世界之道》，刘平、谢燕译，北京大学出版社 2010 年，第 16 页。

7 彼得·贝格尔：《神圣的帷幕：宗教社会学理论之要素》，高师宁译，何光沪校，

在宗教之外，即"在反教权的和'进步'的圈子里，它逐渐代表了现代人从宗教保护下的解脱"[8]。在这里，"世俗化"是一个具有正面价值色彩的概念，它代表的是人类依靠自己的理性能力，摆脱了宗教保护状态，获得了独立思考与决策的尊严。这是一种人类的自我启蒙，是历史的进步。用康德（Immanuel Kant）的话来说，就是人类脱离了自己所加之于自己的不成熟状态，不必再经过别人的引导，而具有了运用自己的理智的勇气。[9]用黑格尔（Friedrich Hegel）的话说，就是精神克服了作为他物的彼岸世界，在显得是他物的东西里面回归于自身，从而实现了精神的实质：自由。[10]这些都是启蒙传统下现代思想的典型态度。

但一部分激进的世俗化支持者——我们称之为世俗主义者——在没有经过理性评判的情况下，宣扬了一种偏激的态度。他们不但认为世俗化代表着人类的进步，宗教必然走向消亡，而且将世俗化的范围和不可抗拒性夸大了。[11]他们认为，在整个世界、整个人类意识的范围内，都有一个世俗化的过程，而且这个过程现今基本完成了；在这个过程中，宗教作为一种虚假意识，被抛弃到历史的垃圾堆中去了；历史是进步的，人类已经找到了更加合理的解释世界和定义自身的思想方法，如启蒙理性、浪漫主义和马克思主义等。打破世俗主义者所设置的这种幻象，揭示这种思想方法所带来的混乱，是十分必要的。可以说，现代思维，尤其是道德思维中的大部分混乱，都是这种世俗主义思想所造成的。这种世俗主义其实是一种"社会想象"（social imaginary）。所谓"社会想象"，是指人们对他们的社会状况，他们如何与他人共处，事情如何在他们和后代之间发展，采取了一种想象的（不真实的）理解方式；这种方式有一种要符合常识的预期，背后隐藏着规范性的观念和图景。它实际上是对自身处境的一种零碎的，未经整理的，大体上的理解。社会想象其实完全不是一种社会理论，二者之间有重大的区别。社会想象是这样一种思维方式："（1）大众对他们的社会环境有一种'想象'式的理解，

上海人民出版社 1991 年，第 126 页。

8 彼得·贝格尔：《神圣的帷幕：宗教社会学理论之要素》，高师宁译，何光沪校，上海人民出版社 1991 年，第 126 页。

9 见康德：《历史理性批判文集》，何兆武译，商务印书馆 1990 年，第 23 页。

10 见黑格尔：《哲学史演讲录》第三卷，贺麟、王太庆译，商务印书馆 1959 年，第 384 页。

11 这是"经典世俗化理论"（也称为世俗化理论的"旧范式"）的基本观点，后文另有详述。

但这种理解并没有经过理论性的澄清，它往往以比喻、故事和传奇的方式出现；（2）理论其实是少数人的事，但有趣的是，它往往被大多数（即使不是全部）人以一种不恰当的方式分享了，从而成为了一种社会想象；（3）社会想象是一种通俗的理解，这种理解使得某些风气成为可能，并获得广泛的合法性。"[12]

而在宗教之内，即"在与传统教会有关联的圈子里，它〔世俗化〕作为'非基督教化'和'异教化'等等而受到攻击。"[13]即在宗教信仰者看来，尤其是在天主教徒看来，"世俗化"是一个具有反面价值色彩的概念，它意指着无信仰的轻浮和对上帝的背叛，是对这个世界的沉迷。

如果我们仔细追溯"世俗化"的根源，我们便会发现，世俗化按照其最初和最准确的理解，它指的其实是基督教内部的某种变化，尤其相对于天主教传统而言，是新教所显示出来的某种变化。不可否认，新教对世俗化负有不可推脱的责任。如果真像天主教所认为的那样，世俗化意味着对于上帝的背叛和对于世界的沉迷，则是一件十分重大的过犯，新教为什么会踏上了世俗化的险途？新教自己也会像天主教一样，认为世俗化是信仰的堕落吗？天主教对此真的不用负有任何责任吗？为了将这些问题搞清楚，我们还是要回顾一下新教反对天主教的历史，从新的角度来看一看，新教究竟反对天主教哪一点，这种反对与世俗化究竟有什么关系。

第四节 天主教的巫魅化

自新教改革以来，天主教就指责新教是离经叛道的，是对世俗世界的妥协。但新教则认为，自己不过是恢复了早期教会的正统信仰而已，而指责天主教在某些方面发生了变异，发生了向古代神话世界的偏移，变得越来越巫魅化（enchantment）了。[14]

新教对天主教的指责，除了路德（Martin Luther）和加尔文（John Calvin）当时的著作，黑格尔的论述也极有代表性，虽然这些论述不可避免地带有浓

---

12 Charles Taylor: *A Secular Age*, The Belknap Press of Harvard University Press, 2007, pp.171-172. 或者 Charles Taylor: *Modern Social Imaginaries*, Duke University Press, 2004, p.23.

13 彼得·贝格尔：《神圣的帷幕：宗教社会学理论之要素》，高师宁译，何光沪校，上海人民出版社1991年，第126页。

14 Enchantment，学界也译为"附魅"。

重的路德宗激进派的色彩。[15]

"宗教改革是教会腐败的结果。那种腐败并不是偶然的现象；它并不是单纯地滥用力量和权威。"[16]在通常的情况下，"腐败"常常被理解为"滥用"，即，某种本来是好的事物，在人类偶然的意志、不适当的热情和主观的兴趣下，变得不好了，成了某种谋求私利的事物；针对这种"腐败"，只要将这些外来的"滥用"清除出去，便可回复这个事物原来好的面貌。这样，这个事物本身就免除了责备，那种玷污它的罪恶也仅仅是外在的。但是，黑格尔认为，这种外来的腐败观念，不适合于基督教会，基督教会的腐败，是在内部发生的变异。"至于一种广大普遍的腐败风气，影响到一个规模宏大的事物如像基督教会，那就又当别论了——教会的腐败是土生的；那种腐败的本原应当在这个事实中去寻找，就是教会所承认的世间生存乃是感官的东西——就是外在的东西以一种外在的形式，在教会本身中存在了（艺术所给予的那种改良修饰是很不够的）。那种高等'精神'——世界'精神'——已经从教会驱除了'精神的东西'；教会对于'精神的东西'和从事于'精神的东西'已经毫无兴味；所以它保留着那种世间生存；那就是感官的主观性，它还是直接的，还没有被'精神的'主观性加以精炼。从此以后，它退回到世界精神的后面"；[17]这种从教会内部发生的变异，如果没有受到抵制，便日益根深蒂固，使教会发生腐败。这种内在的腐败，会因着教会本身所连接的许多关系，而进入到许多深远广阔的领域。

这时的宗教虔诚显示着一种迷信的状态，即意识被深锁在一个感官的东西中的状态。这种迷信状态一方面表现在对权威的奴性顺从中，"因为精神已经脱离了它自己，已经丧失了它的自由，所以牢不可破地被束缚于某种外在于它自己的东西上"[18]。另一方面，这种迷信状态表现在对奇迹荒谬的和幼稚的相信上，因为如果世间生活就是指黏着于感官的东西的话，那么人类为了有限的特殊的目的，就会认为上帝会显现在一种完全不相干的有限的方式里。"接着就是权利欲、放纵淫佚、种种野蛮的和卑鄙的腐败情形、伪善和

15 黑格尔对宗教改革的论述，可以参见《历史哲学》第四部第三篇、《哲学史演讲录》第二部第三篇丙和《哲学史演讲录》第三部引言。

16 黑格尔：《历史哲学》，王造时译，上海书店出版社2001年，第408页。

17 黑格尔：《历史哲学》，王造时译，上海书店出版社2001年，第408页。

18 黑格尔：《历史哲学》，王造时译，上海书店出版社2001年，第409页。

欺骗——这一切都表现在教会之中"[19]。

由于教会被外在的东西的俘虏和对于精神的背离，使得它对于感官上的堕落和放纵无能为力，不能对之加上一个有力的道德约束，对于挽救灵魂更是无能为力，所以这种挽救工作不得不变成了一种外在的设施，"赎罪券"发行了。灵魂救赎这件本来最最关乎精神的事情，却成了一件最最简单的物质交换。"赎罪——那是灵魂企求着的最高的满足，它藉此可以有把握同上帝合而为一，这是人类最深刻和最内在的东西，现在却用一种最外在、最轻浮的方式来举行——就是，只要金钱就能够买到；而且所以要出售'赎罪'的目的，不过是藉此得到挥霍的资财。"[20]

天主教的腐败，使得对上帝的敬拜，越来越倚重于外在的形式，如对权威的顺从和对奇迹的迷信，乃至赎罪券的发行。充满感官色彩的仪式、闪闪发光的圣器、漫天飞舞的天使、圣徒的鲜血，越来越取代耶稣的中保地位；好像耶稣的鲜血不足以恕清人的罪恶，人们更需要功德库中的积蓄。这不但使得宗教信仰充满了魔法的意味，世界重新被巫魅化了；而且是对上帝绝对超验地位的修改，上帝被拉到了人间，居住在了各种各样的器物中。所以路德才要发动宗教改革，就是要反对天主教对世界的巫魅化和对上帝超验地位的修改。

但另一方面，天主教则指责新教向世俗世界的妥协。这种世俗化倾向可以在路德的行为中看到：他娶了昔日的修女公然过起了婚姻生活，藉此表示他对婚姻的尊重；他每星期五吃肉，藉此表明这样的事情是合法而且正当的，同时证明那些以禁欲为高尚的想法是不对的。教士的婚姻生活与吃肉，其结果便是消除了普通人民与僧侣在外表上的区别。这其实是对僧侣阶层特权的取消，尤其是随着德文《圣经》的翻译，原本僧侣阶层所特有的权利更进一步下放到了每一个人那里。"路德简单的理论就是说，上帝的世间生存就是无限的主观性，也就是真实的精神性，就是基督并不显现在一种外在的形式里，而是根本属于精神的，只有同上帝和解后才能够得到——是在信仰和享受里。"[21]路德强调的乃是精神不受任何外在形式的限制，任何外在的形式都应该被精神活动（心灵的信仰）统一起来。但与此同时，一个容易踏入的陷坑则是：一切精神因素都有可能在与外在事物的黏连中慢慢枯萎掉。这就是新

---

19 黑格尔：《历史哲学》，王造时译，上海书店出版社2001年，第409页。

20 黑格尔：《历史哲学》，王造时译，上海书店出版社2001年，第409-410页。

21 黑格尔：《历史哲学》，王造时译，上海书店出版社2001年，第410页。

教容易被指责要为世俗化负责的原因。

第五节　新教对世俗化应负的责任

由于天主教将外在的形式与精神割裂开来了，所以在新教看来，天主教一方面把宗教的精神（对上帝的信仰）处理成了纯物质性的东西；另一方面，天主教对仪式、圣器和神迹等的强调，变成了一种迷信，使得这个世界充满了巫魅色彩。新教一方面要保卫上帝的超验性，另一方面，则是使世界摆脱巫魅的控制，即祛魅（disenchantment）。"祛魅"这个概念，后来被世俗主义者理解为祛除所有的宗教超验因素（包括上帝）；其实它起初的意思乃是指祛除世界的巫魅化，回到正统的基督信仰中去。巫魅性的东西是模糊不清的，所以它绝对不是上帝。

"'祛魅'一词最初在新教改革中出现，指对魔法和相信世界在一定程度上充满超自然精神的批判。"[22]新教改革者之所以在反对天主教时使用这个词，就是因为在他们看来，天主教对于外在的形式（如仪式、圣器、神迹等）的强调，使得这些物质性的东西充满了神秘的魔法色彩，使信仰偏离了真正的目标——上帝。新教改革者以基督信仰的正统自居，他们对天主教的批判，大有清扫异端的气势，这可以从路德和加尔文的行文中真切地感受到。在基督教信仰中，一直有反对魔法和反对将世界巫魅化的传统。魔法往往意味着借助本来不属于人类的力量（也往往不是上帝的力量），来获得本不该拥有的好处，如巫师配制特殊的药剂，以永葆青春等。将世界与神秘的超自然力量联系起来，如果这种力量不是来自上帝的话，则可能是来自各种各样的异教神，如树木蓬勃的生命力来自于森林神等。这些都是犹太教－基督教传统所反对的，犹太教－基督教作为一神教，走出了古代宗教宇宙论的神话化，按照上帝具体的诫命，持守着对上帝唯一的敬拜和顺从。

新教改革者依照《圣经》原则，强调上帝是绝对超验的，以反对天主教特色的宇宙秩序——超自然的实在与自然的实在是按照等级排序的连续体。这原本是古代宗教宇宙论的特色，早期教会原本已脱离了这种特色，但后来却被天主教接手了过来。飞满天空的天使、中保马利亚，以及众多的圣徒，确实有削减上帝的超验性的倾向。同时，这种自然与超自然的连续体，意味

---

22 纪克之：《现代世界之道》，刘平、谢燕译，北京大学出版社2010年，第18页。

着从最低的自然实在，可以一路摸索到最高的超自然实在——即使是在最高的超自然实在（上帝）一无所知的情况下。这样人类就占据了绝对的主动权，通过魔法、仪式，以及理性等都可以到达上帝。这是一种亵渎和骄傲。在新教改革者看来，"造物主神颇为彻底地超越他的受造物，在其中并在一切之上行动——虽然不是必然的，却是以一定目的、令人惊奇、充满恩慈的方式行动。"[23]人类与上帝所可能具有的关系，集中在唯一的管道上，即上帝至高无上的恩典（Grace）[24]。对恩典的强调，既包含着对上帝绝对超验性的强调，也包含着对世界的再次祛魅。人类无法通过仪式、圣器等事物主动拨通上帝的电话，所以魔法是无效的。除了道成肉身的上帝，谁也不是得救的中保，所以神父不具有赎罪的权柄，教皇也不可能无谬误。

彼得·贝格尔认为，新教的这种作法，是将信仰简化为一个"要道"的行为，与天主教相比，原来庞杂繁复的宗教内容被简化了，"神圣者在实在中的范围大大缩小"了。[25]虽然这种简化行为最初的愿望是让人们摆脱巫魅化和不必要的牵制——或许还有不必要的压制——而直接依赖上帝的恩典，但这样做也隐藏着一个巨大的危险。因为"恩典"这条管道一旦被切断，人们就会与上帝失去联系，坠入到孤零零的无神的世界。"要打开世俗化的闸门，只需要切断这条狭窄的交流通道。换言之，由于在彻底超验的上帝与彻底内在的人类之间，除了这条通道外，没有任何东西留下来，因此，人类世界向无理性之中的沉沦，就留下了一个经验实在，在这个经验实在中，确实，'上帝是死了'。于是，这个实在在思想和行动上开始接受系统的、理性的渗透，在此它所涉及的是现代的科学与技术。没有天使的天空为天文学家，后来是宇宙航行员的入侵打开了大门。因此，可以说，无论其他因素的重要性有多大，还是新教为世俗化充当了历史上决定性的先锋。"[26]

---

23 纪克之：《现代世界之道》，刘平、谢燕译，北京大学出版社 2010 年，第 20 页。

24 当然，新教内部对于这个问题也不是没有分歧的。例如早期的路德派就存在着分歧。其中有些人（如马丁·开姆尼茨）坚持因信称义，否认人的能动性，全靠恩典；而有些人（如梅兰西顿）认为，人的得救要靠三种因素，即上帝的道、圣灵和人的意志，强调人的能动性，类似于天主教的神人协作论。后来的保守派神学和自由派神学，也存在类似的分歧。但这些分歧主要是对人的主动性的认可程度不同，在反对天主教对世界的巫魅化方面，新教内部基本是一致的。

25 彼得·贝格尔：《神圣的帷幕：宗教社会学理论之要素》，高师宁译，何光沪校，上海人民出版社 1991 年，第 133 页。

26 彼得·贝格尔：《神圣的帷幕：宗教社会学理论之要素》，高师宁译，何光沪校，

查尔斯·泰勒将祛魅理解为化减（subtraction），即实在地讲，新教将人与上帝的关系集中于恩典，是一种化减，它化减掉了人与上帝之间繁多的、外在的、似是而非的连接。之后，是世俗主义者，切断了恩典这条连接人与上帝的脐带，这其实也是一种化减，即将上帝化减掉了。人类的一切问题，只要按照世俗的方式能解决的，绝不会到上帝那里寻求援助，这些问题包括科学、艺术甚至道德等方方面面。尤其是在道德领域，去掉了上帝，对于西方传统而言，就等于去掉了最高的善，去掉了超验的道德根源，这将使得道德思维的现代图式出现一系列混乱，具体的善无处安置，甚至使得对于"我是谁"这个问题的回答也不再那么铿锵有力。后文我们会具体深入这些话题。

由于新教对世俗化负有不可推脱的责任，所以有一些新教徒试图将世俗化解释为基督教本身所隐含的东西，从而抵消它对信仰的伤害。这一做法其实从黑格尔就开始了，他说："我们的命题——'理性'支配世界，而且'理性'向来支配着世界——和认识上帝的可能性的问题，这两者间的联系，我始终不愿意舍弃不论"。[27]黑格尔认为，新教是精神克服了外在的形式而实现了自身统一。从这一观点可以看出，黑格尔一直在试图弥合某种对立，他将"理性支配世界"与"对上帝的认识"的对立，统一到了最高精神之中，对于被精神所统一了的世俗生活，他是充分认可的。对黑格尔来说，天主教的虔诚仪式和道德教化是一种障碍，因为天主教所提供的那种生活方式，"使得任何对世界的彻底理性化都没有必要了。"[28]在黑格尔之后，"第二次世界大战以来，很多神学家，主要是新教徒，接受了迪特里希·朋霍费尔后期思想中的某些东西，彻底改变了过去基督教对'世俗化'的评价，把它作为基督教本身主旨的实现来欢迎，"[29]这里所指的朋霍费尔后期的思想，主要是指其《狱中书简》中的思想，它对"世俗神学"有很大的影响。后来自由主义神学主要采取的就是这条路线。

上海人民出版社1991年，第134页。

27 黑格尔:《历史哲学》，王造时译，上海书店出版社2001年，第14页。

28 彼得·贝格尔:《神圣的帷幕：宗教社会学理论之要素》，高师宁译，何光沪校，上海人民出版社1991年，第146页。

29 彼得·贝格尔:《神圣的帷幕：宗教社会学理论之要素》，高师宁译，何光沪校，上海人民出版社1991年，第126页。

第六节 世俗化在《圣经》中的根源

世俗化不能因为新教的助力而归罪（或归功）于新教。新教徒之所以认为世俗化是基督教本身主旨的实现，也确实有其《圣经》依据。

新教与天主教的丰富庞杂相比，确实简化得几乎只剩下了恩典，且这个恩典之链有一切即断的危险，但不可否认，新教依然持守着正统的基督教信仰。世俗化是从新教中生出的新病毒呢，还是在《圣经》传统中就已经包含了世俗化的基因，这需要澄清。

彼得·贝格尔认为："世俗化的根子可以在古代以色列宗教最早的源泉中发现。换言之，我们可以断言，'世界摆脱巫魅'在'旧约'之中就开始了。"[30]在他看来，《圣经》中包含着世俗化的根子，但只限于《旧约》，而不包括《新约》。彼得·贝格尔认为世俗化首先是世界的祛魅，然后是超验的上帝从人间的撤出。《旧约》中世俗化的根子，可以从以下几点看到：

第一，古代以色列和上帝建立契约，使得古代以色列脱离同时期的古代文化的宇宙论特征，世界开始摆脱巫魅。这里同时期的古代文化指的是古埃及和美索不达米亚文化。起先，古代以色列与它们有一个共同的宇宙论特点，"这个特点意味着把人的世界（即我们今天称为文化和社会的一切）理解为是镶嵌在包括整个世界的宇宙秩序之中的。这种秩序不仅未在经验实在中人的领域与非人的（即'自然的'）领域之间作出现代这种截然的划分，而且更重要的是，它假定了在经验的东西与超经验的东西之间，在人的世界与神的世界之间，存在着连续性。"[31]这种宇宙论使得世界充满了巫魅的色彩，人类的历史和存在方式被神话化了。古代以色列和上帝建立契约，使得摆脱这种神话化有了可能。古代以色列的起源与上帝指示下的两次出走有关，第一次是族长们从美索不达米亚出走，第二次是在摩西带领下从埃及出走。这两次出走是古代以色列获得其民族性格的关键，它意味着古代以色列从神话化的宇宙论出走了，它将获得自己特有的信仰方式和解释世界的方式，那就是和上帝建立契约。上帝的行动是历史性的，而不是宇宙性的。这里的意思是，他的行动不像古代其他神灵那样，是无时间性的、反复循环的和巫魅化的，

---

30 彼得·贝格尔：《神圣的帷幕：宗教社会学理论之要素》，高师宁译，何光沪校，上海人民出版社 1991 年，第 135 页。

31 彼得·贝格尔：《神圣的帷幕：宗教社会学理论之要素》，高师宁译，何光沪校，上海人民出版社 1991 年，第 135 页。

而是有时间性的、通过契约的方式提出具体道德要求的。

第二，彻底超验的上帝与人之间的两极分化，使得神圣的活动与世俗的活动分离开来。"旧约圣经设定了一个上帝，他站在宇宙之外，宇宙是他的创造物，但却与他相对立，未被他所渗透。"[32]《旧约》中的上帝是彻底超验的，他不像古代地方神或部落神一样，和人间的生活打成一片。上帝不受任何时间和空间的限制，圣地与圣殿都不是他的居所，他也不依赖于人类的献祭。"上帝的超验化以及随之而来的'世界对巫魅的摆脱'，为作为神和人活动舞台的历史开辟了一块'空间'。神的活动由完全站在世界之外的上帝进行，而人的活动则以人的概念中重要的个体化过程为前提。"[33]

第三，个体化的人的观念从《旧约》中脱颖而出了。"丧失了从神话上设想的神力的这个世界，一方面是上帝进行伟大活动的场所（即所谓 Heilsgeschichte〔德语：神圣历史〕的舞台），另一方面是高度个体化的人的活动场所（即'世俗历史'的舞台），这些高度个体化的人在旧约中占据的篇幅之多，在古代宗教文献中是独一无二的。"[34]《旧约》围绕着个体化的人的历史旋转，不但其他宗教文献不能相比，就是《新约》也是不能相比的（对于彼得·贝格尔这个观点，本书是不同意的。《新约》描述的依然是个体化的人的历史）。这些个体化的人物，不再是神话式的集体性的代表，也不再是某种宇宙力量的象征。

综括以上观点，在彼得·贝格尔看来，世俗化的根子只存在于《旧约》中，这个根子指的是：世界的祛魅，彻底超验的上帝为个体化的人留下了世俗活动的空间。彼得·贝格尔认为能很好地保持《旧约》中世俗化的根子的，是犹太教和伊斯兰教。基督教由于更加倚重于《新约》，反而将世俗化的根子弄得不明显了。因为《新约》中道成肉身、三位一体的教义，反而使得彻底超验的上帝不那么超验了，它将神的活动和人的活动搅在了一起。尤其是天主教，赋予了大群的天使和圣徒以宗教实在性，而且把圣母马利亚当作中保和共同救赎者。"于是，在神的超验性被修改的程度上，世界'重新被巫魅

---

32 彼得·贝格尔：《神圣的帷幕：宗教社会学理论之要素》，高师宁译，何光沪校，上海人民出版社 1991 年，第 138 页。

33 彼得·贝格尔：《神圣的帷幕：宗教社会学理论之要素》，高师宁译，何光沪校，上海人民出版社 1991 年，第 142 页。

34 彼得·贝格尔：《神圣的帷幕：宗教社会学理论之要素》，高师宁译，何光沪校，上海人民出版社 1991 年，第 141 页。

控制'（或者，如果愿意的话，也可以说是'重新神话化'）了。"[35]

对于彼得·贝格尔的这种观点，本书采取保留态度。本书的基本观点是：世俗化在《圣经》中的根子，不但《旧约》中有，而且《新约》中也有。《旧约》强调的是超验的上帝从世俗世界的撤离，但是仅仅将世俗世界独立出来还是不够的，还必须对它加以肯定。《新约》正是通过强调世俗世界中所隐含（或关联）的神圣意义，使得世俗世界得到肯定的。按照《新约》的原则，基督徒生活在一种紧张的张力之中，那就是"即在这个世界中，又不属于世界；即参与世俗历史，又不以世俗历史为目标"。至于世界的祛魅和对个体化的人的肯定，我们认为《新约》和《旧约》持守的是同样的原则。《新约》中的道成肉身，虽然使得上帝的超验性有所修改，但是它给了信仰一个明确的坐标和通道，反而使得世界被再次巫魅化的可能性彻底剔除了。至于天主教使得世界有再次被巫魅控制的危险，其罪过不在于《新约》，如上所述，那是因为天主教腐败的原因。《新约》和《旧约》一样，也是围绕个体化的人的历史而旋转的。

我们在《新约》中寻找世俗化的根子，乃是要找到在《新约》中，人类所生活于其中的这个世界，和人类所经历的历史，是如何被肯定的，即人类的世俗生活是如何获得意义的。

我们先看《新约》中对世界的肯定。上帝用了七日创造了宇宙万物，包括世界和人，并以人的被造为结束。人与其他一切被造物——即与世界——是明显不相同的存在物。人与世界的关系是即在世界上（*in the word*），又不属于世界（*of the word*），这一点是在《新约》中被强调的。"新约中'世界'一词的希腊文是宇宙（cosmos，希腊文为 κόσμος）。在古典用法中，宇宙最初指'建筑'（building）和'建造'（construction），但最后它在最大可能的意义上用来表示'事物的秩序'。"[36]具体地讲，在《新约》中，"世界"大概有两方面的含义：其一，指作为整体的天和地，即整个物理性的宇宙。其二，指特定的人类生活的地点和领域，尤其是指一个由人类所构造出来的虚假秩序，这个虚假秩序乃是为了人类自身的益处，它往往与上帝的神圣秩序相对立，人类想要像上帝一样主宰世界和我们自己。这样的世界是与上帝为

35 彼得·贝格尔：《神圣的帷幕：宗教社会学理论之要素》，高师宁译，何光沪校，上海人民出版社1991年，第145页。
36 纪克之：《现代世界之道》，刘平、谢燕译，北京大学出版社2010年，第4页。

敌的堕落的人类领域，它的逻辑假设是："我们能够理解全部实在，我们能够使之具有稳定性、可预见性，我们也就能够，至少在原则上是，使实在为我们所用。"[37]这个人造世界的本性乃在于阻止我们承认任何超越感官和时空法则之上的事物的存在。

所以，世界一方面是上帝创造的、人类可以生活于其中的宇宙，另一方面，是人类活动的成果。虽然人类的活动有抵抗上帝的危险，但上帝创造世界，本意不是要毁灭我们，乃是为了我们的益处。

加尔文曾经讨论过信徒如何对待世界和其中的事物的问题。[38]他说，我们必须，也只能生活在这个世界上，并使用那些能够帮助我们生活下去的事物。这些事物不仅包括那些能满足我们基本需求的东西，而且包括那些能带给我们快乐的东西。比如，上帝创造了草、树和水果，除了它们实际的用处以外，也有它们美丽的外观和美好的味道。上帝既然也创造了我们的眼睛和鼻子，怎么会不允许我们用以欣赏事物的美丽和味道呢？所以，禁欲主义是要不得的，因为它对良心的约束，比上帝的约束还要严谨。当然，以此为借口，过度地使用事物，放纵情欲，加尔文是不以为然的。

事物应该是帮助我们前进，而不是阻碍我们。在加尔文看来，对待世界的态度，有着双重的危险，要么是过于严厉，要么是过于放荡。我们的原则应该是，按照上帝创造世界的目的来使用他的恩赐，以无亏的良心来使用今世的事物。我们只是上帝的托管人，总有一天要向上帝交账的。只有把心意放在对永生的盼望上，才不会沉溺于对这个世界的贪爱，也不会惧怕离开这个世界。

如果不能很好地处理这个问题，就会坠入信仰的偏差，如纪克之（Craig M.Gay）所说："当耶稣说我们在世界上，却不属于世界时，他似乎呼召我们同时既爱世界，又不爱世界。解决这一特别的悖论从来就不是一件易事。不少基督徒彻底放弃这一努力，而选择显然对立的两种观点中的某一方，从而要么完全迷失在世上事务之中，要么远离世界，以至于认为福音同世上生活无关。十九世纪最激烈、分歧最为严重的神学争论都与这一问题有关。"[39]如保守派神学往往指责自由派神学过于迷恋世界，从而使福音沦为了纯粹的社

---

37 纪克之：《现代世界之道》，刘平、谢燕译，北京大学出版社2010年，第6页。

38 见约翰·加尔文：《基督教要义》第三卷第十章"信徒应该如何使用今世和其中的福分"，钱曜诚等译，生活·读书·新知三联书店2010年。

39 纪克之：《现代世界之道》，刘平、谢燕译，北京大学出版社2010年，第3页。

会与政治事务；而自由派神学又指责保守派神学过于远离世界，而彻底脱离了社会和政治实际，成为了蒙昧主义者。

我们再来看在《新约》中对世俗历史的肯定。从《圣经》传统来看，人类的世俗历史之所以是有意义的，是因为它镶入了神圣历史，成为了救赎行动的一部分。

人们计算历史，通常从一个决定性的事件开始，如一个王朝的建立或一个革命性的运动，以便之后的历史有一个稳定的开端和可参照的坐标。在《圣经》中，历史可以说是从上帝创世的七日开始的。这七日揭示了一种时间上的推移。但《圣经》并不记载全人类的普遍文明史，"《旧约》和《新约》的历史旨趣有一个完全确定的界限，这都集中在少数人物和事件身上，天意把这些人物和事件与救赎历史，即惟一具有重要性的'历史'联系起来。"[40]《圣经》记载的是救赎历史，在《旧约》中只记载以色列民族的事迹，并以众先知、列王为主，在《新约》中，则只记载耶稣及其门徒的言行。

对基督徒而言，历史上真正具有坐标意义的事件，是从《新约》中开始的，那就是耶稣基督的降生。（这一坐标现在已成了世界性的标准纪年，即公元纪年。）耶稣基督的降生赋予了人类历史以意义的脊梁。"基督教断言，基督之前和基督之后的历史的全部意义和唯一意义，是以耶稣基督在历史上的降临为基础的，"[41]基督之前与基督之后的世俗事件，并不构成一个连续的意义序列，这些俗事仅仅是救赎历史的外在架构，它们的重要性要依据它们与救赎事件的关系远近而定。这样的论断对世俗历史学家来说，是奇怪的，也是有伤感情的。它之所以是奇怪的，是"因为它把一种救赎和启示的特殊历史，与世俗的和普遍的文明历史剥离开来"[42]；它之所以是有伤感情的，是"因为它赋予一个由犹太人和基督徒组成的无足轻重的团体以宇宙性的意义"[43]，而否认信仰之外的世俗事件的重要性。解决这种不快的方法不是没有，世俗历史学家可以说基督徒的历史观仅仅是众多意识形态中的一种；而

---

40 卡尔·洛维特：《世界历史与救赎历史》，李秋零、田薇译，生活·读书·新知三联书店 2002 年，第 221 页。

41 卡尔·洛维特：《世界历史与救赎历史》，李秋零、田薇译，生活·读书·新知三联书店 2002 年，第 220 页。

42 卡尔·洛维特：《世界历史与救赎历史》，李秋零、田薇译，生活·读书·新知三联书店 2002 年，第 220 页。

43 卡尔·洛维特：《世界历史与救赎历史》，李秋零、田薇译，生活·读书·新知三联书店 2002 年，第 220 页。

基督徒则可以说，正是藉着信仰的力量，最初的事物与最终的事物，都在作为救世主的耶稣基督里相互联系起来了。

按照《新约》原则，从人类的堕落，到最后的拯救，存在着一种"中间时间"。"这段中间时间，即全部历史，既不是一段空洞的时间，在它里面没有发生任何事情，也不是一段繁忙的时间，在它里面一切都可能发生，而是从秕糠考验和甄别麦粒的关键性时间。……把历史体验为'中间时间'，意味着生活于两种相互斗争的意志之间的极度紧张之中。"[44]在这段历史中，救赎不是显而易见的现实，但也不是不可到达的目标，它是已经许诺了的恩典。从这一点来看，在这段时间中，世界被再度巫魅化的可能性也是不存在的，因为它不是在其中一切都可能发生的时间。

对基督徒来说，耶稣基督是犹太人弥赛亚（Messiah）信仰的继续，或者说是其实现和完成。两者的不同在于，"在犹太人那里，决定性的事件还在未来，对弥赛亚的期待把所有的时间划分为一个现在的时代和一个未来的时代。而在基督徒那里，救赎历史的分界线不是一种单纯的将来时（futurum），而是一种现在完成时（perfectum praesens），是已经发生了的主的降临。鉴于这个中心的事件，时间既是向前计算的，也是向后计算的。"[45]耶稣基督一方面是旧历史、旧世界和旧秩序的终结者，另一方面是新历史、新世界和新秩序的开启者。但耶稣不像以色列民以往所盼望的那样，结束罗马帝国的奴役，而创立一个大卫王朝式的王国；他终结的是世俗的世界和历史，开启的是神圣的天国之门，是通往完全相异的彼岸世界的道路。耶稣基督说："我就是道路、真理、生命；若不藉着我，没有人能到父那里去。"（《约翰福音》14：6）这里所隐含的意思是，耶稣基督同时是世俗世界与神圣天国的结合。从属人的方面来看，他是大卫的子孙，是木匠约瑟的儿子；从属神的方面来看，他又是上帝的儿子，是道成肉身的上帝。他是"神人二性"的。[46]他来到这世

---

44 卡尔·洛维特：《世界历史与救赎历史》，李秋零、田薇译，生活·读书·新知三联书店2002年，第220页。

45 卡尔·洛维特：《世界历史与救赎历史》，李秋零、田薇译，生活·读书·新知三联书店2002年，第219页。

46 对于"基督的神人二性"的教义，历史上也有各种分歧。"如一位论派（包括阿里乌派）、一志论派、基督嗣子论派、一性论派（包括优迪克派、撒伯里乌派等）、聂斯脱利派、幻影论派等等。这些教派或是强调基督的一性（神性或人性），反对正统教会提出的基督具有二性——基督既是完全的神、又是完全的人的说法；或者是强调基督二性分离或完全融合，以反对正统教会提出的基督的二性既分离又

上，就已经使得神圣历史在世俗历史中开始了，尤其是当他被钉上十字架时，神圣性在这个世界上得到了充分的展开。"特别是十字架受难时刻，成为'时机成熟'、'时间完满'的'到时'神圣经典，过去、现在与未来在此融合为价值与意义密度最大状态的'到时时刻'（καιροις）。"[47]

世俗世界与神圣天国之间因耶稣基督而获得连贯性，使得生活在这个世界中，并热爱其中的事物，是不违背基督信仰的。但必须保持警惕，即我们虽然在这个世界上，但不属于这个世界，我们虽然生活在世俗历史中，但更重要的是神圣历史已经开始。保持这种张力不是一件容易的事，一不小心就有沉溺于世俗（放纵）或脱离世俗（禁欲）的危险。但这种张力结构，也正是基督教的魅力所在。

互相紧密相通的说法；或认为圣父、圣子、圣灵三者全然不同或者认为三者只是同一事物的不同形态，以反对正统教会的三位一体说（即认为三位之间有严格区别、不可混淆，但又是同性、同体、彼此间无大小、尊卑之别的同一位上帝）。"（见段琦为《基督的二性》所作的"中译本序"第 2-3 页。）关于路德宗对此问题的观点，可参见开姆尼茨（Chemnitz, M.）：《基督的二性》，段琦译，译林出版社 1996 年。

47 尤西林："现代性与时间"，《学术月刊》2003 年第 8 期。

第二章　世俗化理论的争论与澄清

对于"世俗化"（secularization）问题是不是一个真问题，学界一度发生过广泛的争论。一部分学者认为，世俗化不是一个真问题，无论从世俗化概念自身来看，还是从历史事实来看，都不存在一个叫做"世俗化"的过程。另一部分学者认为，世俗化是一个真问题，它是考察我们时代的精神状况的关键词汇，是自近代以来，一个不可回避的事实。

总起来说，西方学界对世俗化的讨论，主要包括两个领域：

第一个领域，是神学传统之外的知识社会学领域，在这个领域论述世俗化问题的，主要是一些宗教社会学学者，他们把世俗化作为一种社会理论来讨论。在经典世俗化理论之后，一度兴起了众多的后世俗化理论，如宗教经济模式、新世俗化理论和多元宗教现代性理论等。

第二个领域，则是神学传统之内对世俗化问题的回应，这些回应主要包括三个进路：其一，传统神学的进路；其二，世俗神学的进路；其三，思想史考察的进路。

查尔斯·泰勒是这些新旧世俗化理论的集大成者，他以一种开阔而细密的分析方式，重新回到世俗化问题的基本关怀，即：将对宗教的考察和对现代性的考察结合起来，以便真实地把握现代人的心性结构。

具体到中国的语境，世俗化问题就显得更加复杂了。因为现代中国不是一个从基督教传统中走出来的国家，当下中国的宗教状况比较复杂，各宗教在现代化过程中均有不相同的经历，不加区分地用"世俗化"这个概念来笼统地进行概括，使得情况看起来更加混乱。所以，在研究中国宗教时，尤其要慎重使用这个概念，甚至像有些学者提倡的那样，在某些特定的情况下，尽量避免使用这个概念，而代之于更加确切的概念。

第一节　关于世俗化问题的争论

学界普遍认为，最早将"世俗化"这个概念引进到宗教社会学上的，是马克斯·韦伯（M. Weber），但他在使用这个概念时，只是一笔带过。后来，是他曾经的同事恩斯特·特洛尔奇（E. Troeltsch）把这个概念捡了起来。直到 20 世纪 50 年代，这个概念才引起了美国社会学界的普遍关注。[1]

人们称最早的世俗化理论为"经典世俗化理论"。"所谓经典世俗化理论，主要是指由欧洲的启蒙理念和经验发生而来的、以经典社会学家们的某些论述为基础的有关宗教在现代化进程中趋于衰落的各种观点。"[2]这种经典世俗化理论存在众多的问题，例如它具有强烈的意识形态色彩，预设了一种线性的进步历史观念，并有基督教中心主义的特点。

这种理论其实是一种"世俗主义"的表现，它不但对宗教有强烈的偏见，而且以一种想象的方式，将基督教世界的世俗化问题，扩大成了整个人类的现代性进程。其实，如彼得·贝格尔所说的那样，虽然在基督教神学的背景中，与世俗性的对话和与现代性的对话，基本是一样的；但是从社会学的角度看，世俗化现象仅仅是现代化进程的一个组成部分，而并非其全部。[3]所以，持经典世俗化理论的学者，只是将现代性狭隘地等同为了世俗性，或者说，将世俗性扩大成了现代性。他们认为，如果现代化是不可抗拒的历史趋势，那么世俗化亦当如此，我们便可以抛弃原来的基督教神学观念，完全以新的思维方式面对问题。

经典世俗化理论不论在使用概念的范围上，还是在面临社会现实的验证上，都曝露出了不足之处。非基督教世界，如伊斯兰传统的国家或东亚地区的国家，就不存在一个世俗化的过程。而且，在整个 20 世纪，从宗教信徒的数量和宗教在公共事务中的影响上来看，各种新兴宗教和传统宗教在全球范围内仍处在普遍兴旺的态势。

1　Willanm H. Swatos, Jr. and Kecin J. Christiano: "Secularization Theory: The Course of a Concept", in *Sociology of Religion*, Vol. 60, No. 3 (Autumn, 1999), pp.209-228.

2　汲喆："如何超越经典世俗化理论？：评宗教社会学的三种后世俗化论述"，《社会学研究》2008 年第 4 期。

3　见彼得·贝格尔：《天使的传言：现代社会与超自然再发现》，高师宁译，何光沪校，中国人民大学出版社 2003 年，第 144 页。

所以在 60 年代的时候，经典世俗化理论就受到了批评，并进一步导致了对"世俗化"这个概念的否定。如马丁（D. Martin）和劳拉·塞纳（Larry Shiner）等都曾写文章批评道，世俗化概念太容易引起混乱，应该彻底将它抛弃。

他们认为，世俗化不是一个真问题，无论从世俗化概念自身来看，还是从历史事实来看，都不存在一个叫做"世俗化"的过程。塞纳认为，世俗化理论在它自身的逻辑结构上有着致命的缺陷，世俗化是一个空洞的大杂烩概念；格拉斯内尔（P. Glasner）认为，近几十年的研究显示，世俗化理论是一个杜撰，没有一项历史事实的证据支持它的存在；斯达克和本布瑞治（R. Stark and W.S. Bainbridge）认为，世界各地的新兴宗教运动（NRMs）说明，我们并不真正地生活在一个所谓的世俗时代。[4]

1986 年，杰弗里·哈登（Jeffrey Hadden）对于世俗化理论的起源和后果两方面的缺陷，给出了清楚、全面和犀利的分析。他的核心观点是，世俗化理论在一开始，与其说是一种学说（theory），不如说是一种教条（doctrine），它从一开始就是一种意识形态（ideology），意味着对宗教信仰的否定态度。

世俗化问题在韦伯和涂尔干（Emile Durkheim）那里，本来关心的是现代性和宗教变迁的复杂关系，但在经典世俗化理论那里，"现代宗教变迁被简明扼要地表述为理性将现代社会与现代人从宗教权威中解放出来的过程。这种'世俗化'观念把现代性看作是对宗教的否定，二者的关系甚至被看作是零和游戏。"[5] 如此，世俗化理论便从原本的极具张力的讨论中脱离出来，变成了一种关于社会进程的预设，而这种预设是没有经过论证的。所以世俗化理论才遭到了普遍的反对和批评。

另一方面，虽然经典世俗化理论并不可取，但依然有一部分学者认为，研究世俗化问题的意义是重大的，并坚持使用"世俗化"这个概念，认为它是洞悉现代人的精神历程和现状的秘密钥匙。如布莱恩·威尔森（Bryan Wilson）、彼得·贝格尔、托马斯·卢克曼（Thomas Luckmann）和卡尔·多布拉（Karel Dobbelaere）等。他们除了贝格尔后来移居美国之外，其余都是欧洲学人，所以有人认为，世俗化理论是一个欧洲基督教文化的产物，或者

---

4 Willanm H. Swatos, Jr. and Kecin J. Christiano: "Secularization Theory: The Course of a Concept", in *Sociology of Religion*, Vol. 60, No. 3 (Autumn, 1999), pp.209-228.

5 汲喆："如何超越经典世俗化理论？：评宗教社会学的三种后世俗化论述"，《社会学研究》2008 年第 4 期。

说，它一度赋予了欧洲宗教问题以传奇色彩。

彼得·贝格尔可以说是世俗化理论的重新建构者，并在 90 年代批评经典世俗化理论是个错误。坚持讨论世俗化问题的学者，都有一个普遍的雄心，那就是回到韦伯和涂尔干的视野中去，将宗教变迁当作一个一般社会学和思想史的基本问题，从而将宗教研究与现代性研究结合起来。这不但是一条勘透宗教信仰状况的有力途径，而且是一条勘透现代人的心性结构的有力途径。

第二节　后世俗化理论的回应

就像"后现代性"（post-modernity）是对现代性的反思一样，所谓"后世俗化"（post-secularization）理论，乃是建立在对世俗化理论的反思和超越上的。如果说后现代性理论不存在一个统一的范式，同样，后世俗化理论亦是如此。种种试图超越世俗化理论的尝试，都是对世俗化理论遗留问题的不同解答。一般说来，主要有三种影响较大的后世俗化理论："宗教经济模式"（religious economies model）、"新世俗化理论"（neo-secularization theory）和"多元宗教现代性"（multiple religious modernities）理论[6]；他们对世俗化理论分别采用了三种不同的态度：否弃、重新定义和有限使用。

宗教经济模式对经典世俗化理论采取的是否弃的态度，它继承了 20 世纪 60 年代以来对世俗化问题的批评。自 80 年代以来，斯达克和本布瑞治就试图从需求交换和心理功能主义的观点来讨论宗教信仰的问题，后来斯达克和芬克（R. Finke）等人将经济学的理论引入到了宗教研究，建立了宗教社会学的经济学模式。这种模式的核心观点是："个体行动者的宗教行为可以看作是以计算代价／利益的理性选择（rational choice）为基础的消费行为，宗教机构或团体则可以看作是提供宗教产品的企业。于是，宗教的兴衰主要取决于宗教市场内部供求关系的变化和市场自由竞争的程度，而与现代化的进程无关。"[7]在这种理论中，宗教是一种商品，宗教信仰者是消费者，而宗教团

6　见汲喆："如何超越经典世俗化理论？：评宗教社会学的三种后世俗化论述"，《社会学研究》2008 年第 4 期。如无特别说明，本节关于"后世俗化理论"的论述主要参考此文。

7　汲喆："如何超越经典世俗化理论？：评宗教社会学的三种后世俗化论述"，《社会学研究》2008 年第 4 期。

体则是生产者。宗教市场是否繁荣，哪种宗教拥有的信众数量多，都是一种市场经济现象，取决于市场的开放程度和生产者吸引消费者的程度。欧洲宗教信仰的衰落，和美国宗教信仰的兴旺相比，乃是因为欧洲是一个垄断的宗教经济体，而美国则是一个自由开放的宗教经济体。

这种理论模式的优点在于，它为理解现代人的宗教信仰行为提供了一条简洁易懂、可量化考察的实证研究方式。并且，它还可以解释经典世俗化理论所无法回答的某些问题，如为什么宗教在有些高度现代化的社会（如美国）没有衰落，反而日渐兴旺。这种理论曾一度被广泛地引进中国宗教学界，并产生了一批相关的研究成果，推动了宗教学研究在中国学界的地位。[8]

这种市场化理论的缺陷也是比较明显的，并受到了学界的批评：[9]第一，将宗教信仰的选择看作是一种理性选择和利益计算的行为，过于偏狭了。第二，将宗教信仰现象化减为市场的供求关系，是一种经济还原论，掩盖了宗教现象的复杂性。第三，宗教经济模式带有明显的美国中心论色彩。

但这种宗教经济模式最大的缺憾，恐怕还在于，它回避了世俗化问题的真正关怀，即对宗教信仰状况和现代人心性结构的考察。重新回到这种关怀的，是所谓的"新世俗化理论"。

新世俗化理论不再对现代人通过理性摆脱宗教采取乐观主义的态度，而是对这个过程充满了危机意识。新世俗化理论是对贝尔格等人的继承和发展，这种理论不再像贝格尔那样，简单地将世俗化区分为主观方面的世俗化（个体不再用宗教的方式看待和解释世界）和客观方面的世俗化（宗教在社会生活中的衰落），而是如卡尔·多布拉那样，要在社会、制度和个体三个维度上，来考察世俗化问题。这种多维度的考察，其中的一个好处是，可以脱离对于宗教的笼统讨论，而对世俗化问题的考察提供一个框架，这个框架包括个几个主要的层面：在宏观层面上考察宗教和其他社会制度之间的分化，在中观层面上考察宗教界内部的现世取向，在微观层面上考察个体在宗教组

---

8 如杨凤岗、林巧薇等人的引进，和魏德东、张志鹏、卢云峰、李向平、高师宁等人的回应，并通过连续几届的"中美欧暑期宗教学高级研讨班"影响了一批宗教社会学的后起之秀。

9 见汲喆："如何超越经典世俗化理论？：评宗教社会学的三种后世俗化论述"，《社会学研究》2008 年第 4 期。

织中整合程度的降低。[10]

这种方法的另一个好处是，它使得世俗化问题不再仅仅是一个社会学问题，而具有了对其进行哲学式考察的可能性。达薇（Grace Davie）的研究表明，现代人在不采取传统宗教制度的情况下，依然可以在非宗教的社会领域内，将其对超验者的兴趣和思考表达出来。这种现象可以叫做宗教信仰的"去制度化"，也可以叫做宗教信仰的"私人化"。这种宗教信仰的私人化，托马斯·卢克曼在《无形的宗教》一书中曾论述过。宗教信仰的私人化，使得世俗化问题可以脱离宏观的和中观的层面，进而对微观的个体精神层面进行深度考察。这是一条了解现代人精神状况的有效途径，是世俗化问题新的意义所在。新世俗化理论不再像经典世俗化理论那样，将现代性的主题理解为社会行为的"合理化"（rationalization），而是将核心议题转移到了"自律的主体"（autonomous sbuject）上。

新世俗化理论同样有一个不足，那就是这种理论只适合于欧美基督教国家，对于其他宗教形态，不具有效力。所以这就促生了第三种后世俗化理论，那就是"多元宗教现代性"，它明确地将世俗化问题限定为特定的历史、社会条件下的问题，尤其是启蒙之后欧洲基督教国家的问题。"马丁（Martin，1987）曾指出，世俗化并非在任何社会中都能发生；只有在具有垄断的宗教以及明确的世俗／宗教二元区分的社会中才有可能存在我们通常所说的世俗化。显然，历史上的欧洲是最符合这一标准的社会。"[11] "多元宗教现代性"理论是埃尔维优－雷杰（Hervieu-Léger）提出的，其目的是超出欧美基督教的视野，考察全球范围内社会变迁和宗教变迁的多样性，避免把世俗化作为一种普遍的历史法则，而是在比较考察不同的社会形态中，来获得不同的区分神圣秩序和世俗秩序的方式，以便在一个更加全面的层面上，理解现代宗教信仰的问题。这种多元化的视野，对于我们考察世俗化问题，可以提供一个比较明确的界限。例如，美国的现代精神和宗教精神是紧密相连的，在欧洲，现代精神则是通过对宗教的反对来实现的，而在中国，则不存在一个基督教意义上的世俗化过程。

---

10 见汲喆："如何超越经典世俗化理论？：评宗教社会学的三种后世俗化论述"，《社会学研究》2008 年第 4 期。

11 汲喆："如何超越经典世俗化理论？：评宗教社会学的三种后世俗化论述"，《社会学研究》2008 年第 4 期。

第三节　基督教神学的回应

在神学传统之内对世俗化问题的回应，主要包括三个进路：

其一，传统神学的进路。传统神学对抗世俗主义、自由主义等对世俗化的纲领性肯定，他们在世俗化中看到的，是对上帝和基督教传统的背叛，认为其结果必然是灾难性的。这条进路主要体现在新教正统主义神学中，他们不但反对世俗主义者，而且反对基督教内部对世俗化的妥协，反对基督教的理性化。像新教改革家们一样，他们要求回到与上帝的源初关系之中，是上帝的启示开启了人类的知识，而不是人类的知识开启了认识上帝的道路。这条进路的代表人物是卡尔·巴特（Karl Barth），他认为应该以基督教的复兴来对抗世俗化进程。

其二，世俗神学的进路。世俗神学的观点兴起于 20 世纪 50、60 年代，"这种观点追随黑格尔（G. F. W. Hegel）、韦伯（M. Weber）、特洛尔奇（E. Troeltsch）和洛维特（K. Löwith）等人的思想，认为近代世俗化是基督教的必然结果，从某种意义上说，甚至是基督教在当今世界的实现（语出戈加腾〔J. Gogarten〕；默茨〔J. B. Metz〕）。因为，正是《圣经》中关于上帝与世界的区分，为关于世界的世俗观念开了方便之门。"[12]世俗神学的源头可以追溯到迪特里希·朋霍费尔（Dietrich Bonhoeffer），他后期思想中的某些东西，彻底改变了过去基督教对"世俗化"的评价，转而把它作为基督教本身主旨的实现来欢迎。这里所说的朋霍费尔后期的思想，主要是指其《狱中书简》中的思想，它对"世俗神学"（Secular Theology，亦称"激进的世俗神学"）有很大的影响。世俗神学从某种意义上来说，是反对卡尔·巴特将世界和上帝对立起来的立场的；世俗神学认为，人类已经达到了有能力处理现实问题的阶段，不应该过于强调人类的无能和彼岸的遥不可及；现代生活的世俗方式和现代精神的世俗性，标志着人类摒弃了幼稚的神话世界，使得信仰真正地深入到了现实生活之中。后来考克斯（Harvey Cox）在《世俗之城》中，也表达过相似的观点。

世俗神学认为世俗化是基督教必然的结果，也确实是有《圣经》根源的。世俗化在《旧约》中的根源是：摆脱巫魅化的宇宙论、个体的人的出

---

12 卡斯培：《现代语境中的上帝观念》，罗选民译，华东师范大学出版社 2008 年，第 12 页。

现、神圣世界和世俗世界的分离。[13]世俗化在《新约》中的根源是：对世界和世俗历史的肯定。[14]世俗神学进一步区分了合法的世俗化和不合法的世俗化。所谓合法的世俗化，就是基督教的理性化、自然神学等。所谓不合法的世俗化，就是指近代无神论，它忘却了自己的基督教根源，并对宗教信仰大加攻伐。

卡斯培（Walter Kasper）认为，这条进路优于宗教复兴的进路，因为它使得基督教对于近代各种思想的进程予以不同程度的肯定。但是，另一方面，这条进路又有着自身的缺陷，因为"与近代历史的实际进程相比，它还停留在一个相当抽象的层面上。因为近代的真正历史是在与基督教相对立、与教会的反对相抗衡中展开的。其结果是，这一世俗化的世界不再是基督教的世界，而是一个对基督教冷漠的世界。"[15]

其三，思想史考察的进路。从这条进路对世俗化进行考察，既可以避免将世俗化问题简单化，也可以避免脱离具体的历史进程而将世俗化问题抽象化。晚近以来的世俗化状况，是一种多层面的现象，不能按照单一的因果关系来看待，也不能将其视为出自于单一的原则。所以，世俗主义的单一立场是偏激的，传统神学的态度其实是对宗教信仰的现实预设的回避，而世俗神学的立场，虽然比较中正，但又未免抽象。采取思想史考察进路的学者，他们除了尊重世俗化问题的多层面性和非抽象性之外，往往能把握住世俗时代人类思维的真正要害。例如布卢门贝格（H. Blumenberg）从人类的自律（autonomy）入手，认为"近代发端于人类自我决定的行动，以反抗使人类沦为奴隶的某种势不可挡的超越性，也反抗那种已经成为刻板的、反动的、压抑的教会结构。"[16]按照这一观点，世俗化乃是对基督教的批判性反动，乃是寻求人类自律的过程。世俗化的思维与传统基督教信仰之间，根本的冲突

---

13 见彼得·贝格尔：《神圣的帷幕：宗教社会学理论之要素》第五章"世俗化的过程"，高师宁译，何光沪校，上海人民出版社1991年。

14 见纪克之：《现代世界之道》绪论第二节"新约中的'世界'"，刘平、谢燕译，北京大学出版社2010年。以及卡尔·洛维特：《世界历史与救赎历史》第十一章"《圣经》对历史的解释"，李秋零、田薇译，生活·读书·新知三联书店2002年。

15 卡斯培：《现代语境中的上帝观念》，罗选民译，华东师范大学出版社2008年，第12页。

16 卡斯培：《现代语境中的上帝观念》，罗选民译，华东师范大学出版社2008年，第13页。

乃在于自律与神律（theonomy）之间的冲突。

第四节　查尔斯·泰勒的视野

要了解世俗化问题在查尔斯·泰勒思想体系中的地位，以及要理解泰勒对这个问题关心的背后，其真正的精神指向，我们简要勘探一下泰勒的思想地形图，来看一看我们会在哪座山头遇见世俗化问题，是有必要的。

在1952年，泰勒从麦吉尔大学获得历史学学士并赴牛津大学读书时，选择的专业名为"政治学、哲学和经济学"，"这是牛津专为一些想要在将来从事政治理论研究，但是又需要在哲学和经济学方面打下基础的本科学生设立的一个专门计划。"[17]获得该学位后，泰勒继续在牛津大学攻读哲学硕士和博士学位。其博士论文是在以赛亚·柏林（Isaiah Berlin）指导下写作、并于1964年出版的《行为的解释》，[18]属于心灵哲学领域，乃是对心理学行为主义的批判，在这本书中，"他的核心兴趣是要理解人类能动性（human agency）和自我的本质，……他已经试图按照黑格尔、赫尔德等人的观点来批评一种原子主义的个人概念以及相关的对人类自由的理解。"[19]这里已经显露出在泰勒今后的学术生涯中的一个基本主题，那就是通过对"自我"、"主体"等概念的考察，来对现代性问题进行系统反思。当然，此时他的主要思想来源，还是黑格尔和赫尔德，他们对启蒙理性以及现代自我观念的批判，均为后来学人反思现代性提供了重要的思想资源。

在1975年出版的《黑格尔》[20]一书中，泰勒对黑格尔哲学做了全面深入的介绍和探讨，但这种探讨背后的真正用意，还是要通过思想史的角度，来理解黑格尔哲学的现代意义，"泰勒试图表明，黑格尔的哲学对于理解现今的哲学话语和政治话语不仅仍然占据重要的地位，而且对于反思启蒙运动的遗产提供了重要的思想源泉。"[21]

---

17 徐向东："查尔斯·泰勒、黑格尔与自由主义"，《哲学门》第6卷，2005年第一册。

18 Charles Taylor: *The Explanation of Behaviour*, Routledge and Kegan Paul, 1964.

19 徐向东："查尔斯·泰勒、黑格尔与自由主义"，《哲学门》第6卷，2005年第一册。

20 Charles Taylor: *Hegel*, Cambridge University Press, 1975.

21 徐向东："查尔斯·泰勒、黑格尔与自由主义"，《哲学门》第6卷，2005年第一册。

这一意图，更加清晰地表明在《黑格尔与现代社会》[22]一书中，这本书大体上是《黑格尔》一书的浓缩。但很显然，泰勒的目标不仅仅是对黑格尔加以剖析，而是有着一个十分不同的重心的，那就是表明，黑格尔对于我们反思若干现代性问题，依然提供着至关重要的凭借。"事实上，我的确认为，我们想要透过若干现代问题和两难困境来认清我们的方向时，那些必然遭遇到的概念和思维方式的形成，均可以追溯到黑格尔。"[23]

可以说，正是通过对黑格尔的系统研究，以及发掘黑格尔哲学的现代意义，查尔斯·泰勒真正进入了对现代性的系统反思之中。这种反思，有时候会散见于不同主题的论文中，如泰勒的两部论文集《人类的能动性与语言》[24]和《哲学与人文科学》[25]，虽然论题不一，但其基本关怀，依然是对现代哲学话语的反思，如对原子主义的批判等。这种反思有时候也会以小篇幅的方式出现，如1992年出版的《本真性伦理学》（1991年曾以《现代性之隐忧》为题出版）[26]便是比较概括地，但也比较明确地指出了现代性的诸问题，泰勒将它们概括为三个方面，[27]即：一，个人主义。这是现代社会伟大的成果之一，并被认为是现代比古代进步的一个重要标志。因为它代表着一个伟大的成就，那就是自由的获得。我们不必像先辈那样，受缚于传统道德和神圣秩序。我们从一切给定的束缚和权威中跳了出来，选择自己所喜欢的生活方式。甚至于，我们可以自己决定什么对我来说是善的，只要我们能够成熟而正确地使用一种人类特有的能力，那就是理性。二，工具理性的主导性。我们所生活于其中的现时代，是工具理性猖獗的时代，我们不关心终极的善，也不关心动机的纯正性，而只关心手段的有用性，通过精确的计算，追求事物的最大功效。而这种工具理性，在追求效率的过程中，得到极大膨胀，对自然和人类社会形成了控制性的霸权，韦伯称这种状况是"铁笼"。大多数人认为

22 Charles Taylor: *Hegel and Modern Society*, Cambridge University Press, 1979.

23 查尔斯·泰勒：《黑格尔与现代社会》，徐文瑞译，联经出版事业公司1999年，作者原序。

24 Charles Taylor: *Human Agency and Language: Philosophical Papers I*, Cambridge University Press, 1985.

25 Charles Taylor: *Philosophy and Human Sciences: Philosophical Papers II*, Cambridge University Press, 1985.

26 Charles Taylor: *The Ethics of Authenticity*, Harvard University Press, 1992. (Originally published in Canada in 1991 under the title *The Malaise of Modernity*).

27 见查尔斯·泰勒：《现代性之隐忧》第一章"三个隐忧"，程炼译，中央编译出版社2001年。

我们逃脱不掉这种没有人情味、没有道德关怀的庞大机制，除非我们完全拆除几个世纪以来的、我们所生活于其中的制度性结构，如市场和国家。三、现代专制主义。不同于古代那种恐怖和压迫的暴政，现代专制主义是温和的，甚至表面上采取民主和共和的形式。这种现代专制主义是工具理性的必然结果，因为它就是铁笼在政治和公共领域的存在方式，与这个铁笼不相符的个人生活，是难以维持的。

查尔斯·泰勒对现代性的系统反思，更多的时候，表现为一种宏大的思想史构思和细致入微的论述，《自我的根源：现代认同的形成》一书，就是最杰出的代表，这本书意味着，泰勒开始跳出黑格尔的框架，在一个更加广阔的背景中，来思考现代性的诸问题。当然，此书重点处理的，还是通过追溯"自我"这个概念的现代根源与历史形成，来对现代道德哲学进行系统反思。在这种反思中，泰勒要处理的一个至关重要的问题，乃是现代自我与终极的善之间的关系。这个关系在传统西方基督教社会，是十分容易处理的：上帝便是终极的善，这个善是构成性的，它规定了日常生活中普通的善，引领着一套神圣的伦理系统，个体只需要遵循这一套神圣秩序就行了。而现代自我则要从这种未经反思的统一中跳出来，对传统伦理进行理性的反思，要在更高的层面上，形成新的统一。这就演绎出了现代自我观念的宏阔潮流。泰勒对于"多元文化"的论著，对于"原子主义"的批判，以及以此为基础对"自由主义"的论战，都奠基在对现代自我与传统道德秩序关系的理解上。

正是基于这个思路，现代自我与传统伦理，尤其是与基督教伦理的关系，便成了泰勒接下来要探讨的问题。这便是泰勒对于一些列基督教问题的思考，如 1999 年的《天主教的现代性？》[28]和 2003 年的《当今宗教的多元化：重访威廉·詹姆士》[29]，至 2007 年《世俗时代》[30]这本书的出版，泰勒将思考的重点集中在了"世俗化"这个问题上，因为在基督教神学的背景中，与世俗性的对话和与现代性的对话，基本上是完全一样的，所以世俗化问题具有着至关重要的地位。查尔斯·泰勒正是秉持这种对现代性和世俗化问题的关怀，对前述各种世俗化理论均有批判性的继承与发展。

28　Charles Taylor: *A Catholic Modernity?*, Oxford University Press, 1999.

29　Charles Taylor: *Varieties of Religion Today: William James Revisited*, Harvard University Press, 2003.

30　Charles Taylor: *A Secular Age*, Harvard University Press, 2007.

第一，查尔斯·泰勒接受了"新世俗化理论"的研究成果，认为世俗化是一个极其重要的问题，是理解从基督教时代向后基督教时代转折的关键词汇。在《世俗时代》中，查尔斯·泰勒对世俗化问题，进行了多层次、多维度的考察，将世俗化问题区分为三个层面，即政治的层面、公共领域的层面和个体信仰的层面。[31]一，在政治层面上，西方社会可以说是完全世俗化了。政府的组织，不再像前现代社会那样，基于对上帝，或对最高实在的信仰，而是从这种关联中脱离了出来。教会也从政治建构中脱离出来（可能英国和斯堪的纳维亚地区例外）。从事政治行为，也不必与信仰有关。宗教成为了一件私事。这在之前是不可能的，之前的政治单位，同时就是宗教单位。二，在公共领域层面上，西方社会大部分是世俗化的了。当我们从事某些宗教之外的公共行为时，如经济、政治、文化、教育、自由职业、娱乐等，我们所遵循的准则，所参与的评估，通常都与上帝和宗教信仰无关。这些领域中，我们的行为所依赖的，仅仅是内在的"合理性"，如经济领域内的最大盈利，政治领域内的最多数人的最大利益等。这与以前要通过神职人员来做决定十分不同。现在，这些公共领域是一个自律的社会，它与宗教领域相并存。在这个意义上，西方社会的公共领域大部分是世俗化的；之所以不是全部，是因为还有宗教领域的存在。三，就是个体信仰的条件（the conditions of belief）。以前，信仰上帝是不可回避的选择；而现在，这种选择成了众多选择中的一种，甚至是最不易的一种。信仰上帝与不信仰上帝，成为了并肩而存的价值观念。甚至信仰上帝有被当做愚昧和无知的可能。第三点正是泰勒所要致力于讨论的，他更加在意的，是宏阔的社会实践背后现代人的心性变化和精神特质。

第二，查尔斯·泰勒接受了"多元宗教现代性理论"的成果，对于世俗化问题，同样采取了多元化的研究视角。他认为，世俗化问题事实上是一个基督教世界的问题，所以他对这个问题的讨论，也主要限定于拉丁基督教世界，即北大西洋的基督教国家。但是，在泰勒的理解中，宗教信仰和宗教变迁的多元化，不仅仅体现在不同的社会形态之中，而且也体现在不同的个体之中，因为宗教信仰自世俗化进程以来，已经变成了个人的私事。

在 2000 年春天，查尔斯·泰勒受"维也纳人文科学协会"（Institute for

---

31 See Charles Taylor: *A Secular Age*, The Belknap Press of Harvard University Press, 2007, pp.1-4.

Human Sciences in Vienna）邀请，为纪念汉斯·伽达默尔（Hans Gadamer）诞辰，发表了系列讲座，并结集为《当今宗教的多元化：重访威廉·詹姆士》一书。泰勒认为，詹姆士的《宗教经验之种种》是一本十分丰富和庞杂的书，它包括了宗教信仰的心理学、皈依、圣徒性、神秘主义、潜意识等诸多讨论。泰勒认为，詹姆士所描述和分析的情况，不仅适用于一百年前，它简直就是针对于现时代的。但泰勒同时也指出了詹姆士关于宗教经验定义的狭隘，并指出他之所以这样定义，乃是被"重生"（twice-born）这个概念所推动着的，即他看中的是私己性的内在更新。

在詹姆士看来，第一，"真正的宗教只存在于私己体验中，而不是在团体生活中。"[32]詹姆士首先将宗教定义为私己性的经验，并将这种私己性的宗教经验与公共的教会生活区分开来。他认为那种初始的私己体验，即个人在孤独的情况下所体验到的与神圣者的相遇，以及这种体验的持续，才是首要的宗教特质。那种从教会等继承下来的公共传统，并不是真正重要的，它们往往与虚伪、专横、吝啬、迷信等联系起来。所以詹姆士认为，一旦内在性的宗教体验变成了一种正统观念，它的活力也就结束了。第二，"宗教真正的场所乃在于'体验'，即感情中，而不是在人们的规定、证明、理性化等清晰定义中。后者显然是常常被教会所采用的方式。"[33]

泰勒认为这种对原初性的私己体验的强调，在拉丁基督教世界是有着几个世纪的传统的。中世纪以来，这种私己性越来越被看重，起先，这种私己性体现在公共仪式之外的个人承诺和献身之中。到了新教改革中，随着宗教仪式和外在实践重要性的降低，个人的内在体验被提高到了十分重要的地位。所以宗教的私己性体验不仅发生在教会之外，而且同样发生在传统基督教教会之内。依此可以得出的一个结论就是，宗教信仰的意义和形式，在传统教会之内和之外，都将呈现出一种私己性，并因这种私己性的多样化，而最终成为一种"多元化的宗教信仰"状态。所以泰勒认为，不论詹姆士在具体意见上有多少偏颇之处，他的最终的结论是可以被认可的，那就是宗教信仰已经多元化了。

第三，作为基督教神学对世俗化问题的回应，查尔斯·泰勒所采取的，

32 Charles Taylor: *Varieties of Religion Today: William James Revisited*, Harvard University Press, 2003, p.7.
33 Charles Taylor: *Varieties of Religion Today: William James Revisited*, Harvard University Press, 2003, p.7.

是一种思想史式的考察进路。如上文所述，查尔斯·泰勒的著作，如他的毕业论文、论文集、黑格尔专题研究、政治哲学专题研究等，一个基本的主题，就是对现代性的反思。而涉及到或集中讨论世俗化的著作，如《天主教的现代性？》、《当今宗教的多元化：重访威廉·詹姆士》、《现代性之隐忧》、《自我的根源：现代认同的形成》和《世俗时代》，泰勒几乎都采用了一种思想史式的考察方法，尤其是在其代表作《自我的根源》和《世俗时代》这两本书中，泰勒均尝试在宏阔的思想流变中，来把握住人类思维某些细腻而具有决定性的转折。这些转折很难用一两个简单的概念来总括，它是一个复杂的思想过程，包括很多主题，如世界的祛魅（disenchantment）、反结构（anti-structure）的崩溃、高位时间（higher-times）的消失、社会规训（discipline）、对超善（hypergoods）的化减、自我理解的内在化、信仰的多元化等。这些转折都发生在世俗化的进程中，是传统基督教的道德秩序和信仰秩序消散之后，人类重新寻求同一性的种种努力。

查尔斯·泰勒不是一个世俗主义者，他不会简单地认为世俗化就是历史的进步，也不会像历史主义者那样，认为一切价值都是相对性的，是随着具体历史处境的改变而变动的。同时他也不以正统主义神学家自居，他始终抱着开明的态度，尊重现代人类思维的特质，并尝试在大家都能理解的基础上，将问题阐明出来。就像1996年泰勒在戴顿大学圣母会奖的颁奖仪式上所说的那样，在此之前，他之所以没有以天主教信徒的身份来写作，乃是希望用一种哲学式的讨论，"说服那些形而上学和神学信念各异的真诚的思想者。"[34]

以哲学式的澄明来讨论世俗化问题，是查尔斯·泰勒的一个基本方式。他不会因为自己是天主教信徒，而高举信仰的大旗。泰勒追求的，乃是通过理性的哲学讨论，来澄清世俗化的进程，并指出世俗化所带给人类的精神危机。无论如何，查尔斯·泰勒都在以一个哲学家的清明和理性的态度，和大家讨论、商讨一条经过现代性洗礼的信仰出路。任何一个认同泰勒这种理性论证的读者，都会被基督教信仰所提供的价值图景和认同模式所吸引，从而进入到对世俗文化诸形态的真诚反思。这也许就是查尔斯·泰勒的良苦用心所在，即：用大家都能理解的方式，指出一条大家所不认识的道路。

如上文所述，世俗化不但是一条勘透现代信仰状况的有力途径，而且是

---

34 Charles Taylor: *A Catholic Modernity?*, Oxford University Press, 1999, p.13.

一条勘透现代人的心性结构的有力途径。它向我们昭示了一个不可回避的事实，这个事实就是："人们在其中谈论上帝和为之而谈论上帝的处境已发生了根本的变化。对于昔日的宗教人士，上帝或神灵是唯一真实的存在，世界则面临仅仅被视为表象与幻想的危险。然而，在20世纪末一般人的意识中，情形恰好相反。人们视之为当然的东西，只是人的感官所能掌握的实在；而在另一方面，上帝却被怀疑为只是对世界的一种反应，一种纯粹意识形态的建构。"[35]用查尔斯·泰勒的话说就是，在古代基督教社会，不信仰上帝是不可能的，而在现代社会，不信仰上帝不但是可能的，而且几乎是不可避免的。我们必须正视这种精神状况，所以对世俗化问题的讨论不但是必要的，而且必须进入到一种更加清晰、更加切实的讨论中。虽然中国并不存在一个基督教意义上的世俗化进程，但世俗化的后果，却实实在在地影响着现代中国，这也是中国学者讨论世俗化问题的意义所在。

虽然已经有了不同的超越世俗化理论的形态，在这些新的理论形态中，否弃世俗化理论的做法是行不通的，而其他的新世俗化理论，往往都是对世俗化问题的继承和发展，它们最终都会回到世俗化问题的最初关怀。在一个更高的层面上讨论世俗化问题不但是必要的，而且，在这些新的研究成果的基础上，也是可能的。查尔斯·泰勒的成就就是最具典型意义的代表。所以，虽然世俗化是个老问题，但泰勒的《世俗时代》一书一诞生，就在学界引起了广泛的讨论，美国社会科学委员会（Social Science Research Council）曾在网站上专门辟出一块领域，来讨论世俗化问题和泰勒在这个领域的新成就。

第五节　中国语境下的世俗化问题

中国虽然不存在一个基督教意义上的世俗化过程，但世俗化的后果，不论是在政治领域、公共领域，还是个人道德领域，都影响着现代中国。而我们一直以来，对于基督教信仰和世俗化问题，基本都采用了经典世俗化理论，即世俗主义的进路。当然也有部分中国的基督徒采取了传统神学的进路，回避和否认现代社会的精神成果，将信仰建立在了一个已经不存在的基础上。

---

35 卡斯培：《现代语境中的上帝观念》，罗选民译，华东师范大学出版社2008年，第10页。

而对于众多的后世俗化理论的讨论，以及世俗神学式的讨论和思想史式的讨论，在中国还是一个新兴的学术领域。

中国学者对于世俗化问题，除了引进西方学者的论述与观点之外，也结合中国的具体语境，展开了中国宗教的世俗化问题讨论。在这些讨论中，存在着许多混乱不清的情况，其主要原因，就是对世俗化这个问题的界限和含义，没有做出清晰的判断。如《中国民族报》便在2008年组织了宗教世俗化的专题探讨，自1月8日至2月26日，每期"宗教周刊·理论"版，都登载了国内学者关于世俗化问题研究的文章。这些文章，均致力于中国宗教的世俗化问题研究，但能对世俗化这个概念作出清晰的界定的，却只有三篇，即杨凤岗的《宗教世俗化的中国式解读》、高师宁的《世俗化与宗教的未来》和李向平的《"神圣化"或"世俗化"的双重悖论：从人间佛教发展的基本问题谈起》。

杨凤岗在《宗教世俗化的中国式解读》一文中认为："'世俗化'这个词可以包含这样一些非常不同的含义：（1）宗教的衰落；（2）宗教影响的减弱；（3）宗教出现多元的并存或分裂；（4）宗教从其他社会制度中分化分离出来；（5）宗教跟周围社会文化的张力降低；（6）宗教从神圣转变为庸俗；（7）宗教从出世转变为入世。前五种是'世俗化'这个词在国际学术界中原有的含义，后两种是中国语境中出现的特别含义。"[36]

前两种含义属于经典世俗化理论，"在哲学社会学或社会思想中，特别是在宗教学领域中，经典世俗化理论的含义是指社会生活的各个方面从神圣（sacred）走向了世俗（secular），从神圣的宗教原则来决定社会生活走向以世俗原则来决定。"[37]第（1）种含义具体是指："随着现代化的发展，特别是科技的进步和教育的普及，人们的宗教信仰和实践会逐渐减少，宗教注定会衰落直至消亡。"[38]第（2）种含义具体是指："宗教对于社会的影响会减弱甚至消失，信教与否在人们的日常生活中不再有什么差别。"[39]这两种含义，

---

36 杨凤岗："少林寺'世俗化'了吗？"，《河南社会科学》2007年第3期。或"宗教世俗化的中国式解读"，《中国民族报》2008年1月8日第6版。

37 杨凤岗："少林寺'世俗化'了吗？"，《河南社会科学》2007年第3期。或"宗教世俗化的中国式解读"，《中国民族报》2008年1月8日第6版。

38 杨凤岗："少林寺'世俗化'了吗？"，《河南社会科学》2007年第3期。或"宗教世俗化的中国式解读"，《中国民族报》2008年1月8日第6版。

39 杨凤岗："少林寺'世俗化'了吗？"，《河南社会科学》2007年第3期。或"宗教世俗化的中国式解读"，《中国民族报》2008年1月8日第6版。

对宗教未来有着明确的预测，构成了宗教社会学旧范式的核心内容。这种旧范式，自 20 世纪 60 年代以来，作为宗教社会学界的主旋律，长达十几年之久。高师宁认为："事实上，宗教将在现代社会死亡或者消失的预言，始于社会学的老祖宗孔德。在其《实证哲学教程》一书中，孔德提出了科学将取代宗教的观点。"[40]这种宗教消亡论，其实是进步历史观、社会历史阶段论等理论假设的一种体现。其具体的社会历史基础，乃是西方中世纪宗教原则控制一切生活领域的打破，宗教从许多领域，如科技、教育、经济、政治、道德等退了出来，似乎走向了一条江河日下、必然消亡的不归之路。

以第（1）种和第（2）种含义为核心的宗教社会学旧范式，受到了新范式的反对，因为它所预测的状况，与社会历史发展的实际状况不符，它作为一种理论假设，也仅仅是一种假设而已。事实证明，宗教并没有衰落或消亡，在新的历史条件下，反而更加深入人心，各传统宗教均有复兴之势，而各种新兴宗教，更是纷纷崛起。"宗教社会学新范式以大量的实证研究为根据，指出科技、教育、多元、分化都不会必然导致宗教的衰落或宗教影响的减弱。新范式不否认科技发展和教育普及会带来宗教的变化，这些现代化发展导致了宗教的理性化，但是宗教的理性化不能等同于宗教的衰落或宗教影响的衰弱。"[41]

第（3）种含义，即多元化（pluralism），意思是指："现代社会中多元宗教并存于一个社会以及一个宗教内部出现多元分裂，削弱了对于任何一个宗教之绝对真理性和权威性的信仰。"[42]而第（4）种含义，即分离化（differentiation），意思是指："在现代化过程中宗教从社会的政治、经济、教育、婚姻家庭等制度中分化出去了。"[43]

多元化和分离化是新旧范式都承认的，旧范式认为这两者必然会导致宗教的衰落，但新范式认为，多元化反而会导致宗教的兴盛，因为宗教间的公平竞争必然会带来宗教的繁荣；而分离化也不意味着宗教的衰弱，而仅仅是

---

40 高师宁："世俗化与宗教的未来"，《中国人民大学学报》2002 年第 5 期。或"世俗化与宗教的未来"，《中国民族报》2008 年 1 月 15 日第 6 版。

41 杨凤岗："少林寺'世俗化'了吗？"，《河南社会科学》2007 年第 3 期。或"宗教世俗化的中国式解读"，《中国民族报》2008 年 1 月 8 日第 6 版。

42 杨凤岗："少林寺'世俗化'了吗？"，《河南社会科学》2007 年第 3 期。或"宗教世俗化的中国式解读"，《中国民族报》2008 年 1 月 8 日第 6 版。

43 杨凤岗："少林寺'世俗化'了吗？"，《河南社会科学》2007 年第 3 期。或"宗教世俗化的中国式解读"，《中国民族报》2008 年 1 月 8 日第 6 版。

宗教影响的方式有所变化而已。在这两种完全相反的判断背后，隐藏着一个细微的问题，即，旧范式面对的主要是西方基督教社会，而新范式是在更加广阔的背景下，面对的是更加复杂多样的宗教现象。欧美有少数学者坚持在第（3）和第（4）种含义上使用"世俗化"这个概念，这便是"新世俗化理论"（neo-secularization theory）。

宗教社会学新范式不是要否认世俗化现象，而是认为，世俗化这个问题需要被界定。"如果聚焦在某一个宗教或某一个宗派上，它会随着组织的发展和时间的推移而降低与社会文化的张力，以致信不信这样的宗教对于信徒的个人生活以及社会文化的影响不大，从而减低张力的宗教或教派的信仰和实践会走向衰落。"[44]美国主流基督教教派便属于这种情况。这便是第（5）种含义。

第（6）和第（7）种含义，是中国语境下所特有的，"'庸俗化'是指宗教本来是神圣高雅的，而宗教组织或信徒却变得低级庸俗。……'入世化'则是指宗教本来是出世避世、消极遁世的，如今却会积极入世，主动走进世俗社会人群，投身到社会服务和社会改造当中去。"[45]前者是贬义的，后者是褒义的。

由于人们在使用"世俗化"这一概念时，往往包含着以上这许多含义，所以常常使讨论陷入混乱之中。所以杨凤岗认为，为了避免混乱，在使用"世俗化"概念时，需要有明确的定义和限制。世俗化一直以第（1）和第（2）种含义为主，所以当我们讲到第（3）种含义时，不如就直接称之为"多元化"，在讲到第（4）中含义时，不如就直接称之为"分离化"，至于第（6）和第（7）种在中国语境下特有的含义，则可直接称之为"庸俗化"和"入世化"。

所以，只有对世俗化概念做出了详细的分疏，才能在面对具体的宗教现象时，在正确的层面和含义上使用这个概念。例如少林寺现象就不适合于第（1）、（2）、（3）、（4）和第（5）种含义。当人们在说少林寺"世俗化"的时候，其实是在批评少林寺"庸俗化"了，或称赞其"入世化"了。

李向平在《"神圣化"或"世俗化"的双重悖论：从人间佛教发展的基

---

44 杨凤岗："少林寺'世俗化'了吗？"，《河南社会科学》2007年第3期。或"宗教世俗化的中国式解读"，《中国民族报》2008年1月8日第6版。

45 杨凤岗："少林寺'世俗化'了吗？"，《河南社会科学》2007年第3期。或"宗教世俗化的中国式解读"，《中国民族报》2008年1月8日第6版。

本问题谈起》一文中，从宗教的二元对立价值体系来剖析世俗化问题。他认为，西方宗教，尤其是基督教，有一个基本的特征，"就是把神圣彼岸与世俗此岸之间的关系，建构为一种二元对立的价值体系，其目的在于使人们崇拜这一神圣事物，因此而有别于一切其他世俗事物。"[46]鉴于这种二元对立的价值体系，对于什么是世俗化这个问题，便有两种不同的理解方式，即：第一，二元对立更加明显，宗教意识形态失去了昔日的权威，从日常的公共事务和私人生活中撤离出来，回到一个有限的领域内；第二，二元对立被模糊化，宗教的神圣性日益消融于此岸世界，甚至消失于此岸世界，使得神圣事物不再那么容易被区分出来。

所以，在杨凤岗所列出的世俗化的七种含义中，前五种，即国际学术界原有的含义，属于第一种理解方式，即宗教从日常事务中的撤退及其连带效应；后两种，即中国语境中特有的世俗化含义，属于第二种理解方式，即神圣与世俗的二元对立的减弱。本书所研究的世俗化问题，基本属于第一种理解方式，这主要是由我们的研究领域所决定的，因为古代的西方基督教社会是一个教权社会，所以世俗化则首先意味着人们的日常生活从大一统的宗教意识形态中独立出来。至于现今的宗教复兴和新兴宗教的兴起，其历史背景乃是现代非统一教权的社会，所以才表现为二元对立中的神圣价值向世俗价值的进军。这种情况尤其会出现在没有教权统一历史的国家中，如美国和中国。所以在使用西方基督教社会中"世俗化"所包含的含义，来理解中国某些宗教问题时，往往会不得要领，例如人间佛教、少林寺现象等。这主要是因为"中国社会不是神圣与世俗之间简单的二元对立关系，而是一种相互嵌入的总体社会格局。这些彼此嵌入的神俗关系，在近现代乃至当代社会的变迁之中，就不是简单的神圣化过程或简单的世俗化过程。"[47]所以，李向平也同意杨凤岗的观点，认为中国宗教社会学的研究，应该慎用或不用"世俗化"这一概念，而使用比较适用于中国状况的"入世化"、"社会化"等概念。

李向平认为世俗化概念的核心内涵，"是使原来二元两分的神俗关系，分别予以制度分割……促使国家政治及其公共价值已不再承受宗教的左右。

46　李向平："'神圣化'或'世俗化'的双重悖论：从人间佛教发展的基本问题谈起"，《中国民族报》2008年1月29日第6版。

47　李向平："'神圣化'或'世俗化'的双重悖论：从人间佛教发展的基本问题谈起"，《中国民族报》2008年1月29日第6版。

它作为一种理论假设，主要目的是要建立一种新的政治制度和价值体系。"[48]这里需要再次强调的是，对于世俗化这个问题的发生领域，我们需要有一个明确的界定，即它是西方近现代史上发生的事情，具体"表现为基督教会撤出过去控制与影响的领域，如教会与国家的分离，或世俗国家对教会领地的剥夺，或教育摆脱教会权威等等一系列重大事件。正是这样一个社会结构的变迁过程，它主要包括了世俗权力与宗教信仰的制度分隔，宪政和法治国家制度以及在此制度基础之上，人们的信仰多元化、私人化，生活形式的多样化和宗教宽容精神。"[49]所以李向平认为，我们在理解世俗化问题时，首要的，并且最核心的，是从政教制度和社会结构的变迁上来理解，世俗权力与宗教信仰的制度分隔，是世俗化最基本的涵义，而多元化、私人化及宗教宽容等议题，是世俗化的衍生效应。所以，"世俗化并非意味着宗教的消失，而是意味着日常社会各个领域与建制宗教的分割和宗教现象的位移。它说明的是，宗教精神和伦理治权的领域虽然在变化，但并非宗教的消亡，而是从此进入了另外一种发展进路。"[50]那种从宗教现象的位移，而预言说宗教正在消亡的观点，实在是将两个不同性质的问题混淆在了一起，领地的缩小、领土范围的变更，并不必然意味着消亡，因为世俗化的连带效应，如多元化、私人化及宗教宽容等，反而会使原来的宗教意识以一种不同以往的方式，渗透到日常生活的诸领域中。

总起来说，在讨论世俗化问题是，我们需要有一个清晰的界定。本书所讨论的世俗化，特指西方基督教国家内部的现代思想转变过程，它首先包括杨凤岗所提出的第（1）和第（2）种含义，其次包含着第（3）、（4）、（5）种含义，对这个问题的切入，本书更赞成从李向平提出的神圣彼岸和世俗此岸的二元对立上来理解。

---

48 李向平："'神圣化'或'世俗化'的双重悖论：从人间佛教发展的基本问题谈起"，《中国民族报》2008年1月29日第6版。

49 李向平："'神圣化'或'世俗化'的双重悖论：从人间佛教发展的基本问题谈起"，《中国民族报》2008年1月29日第6版。

50 李向平："'神圣化'或'世俗化'的双重悖论：从人间佛教发展的基本问题谈起"，《中国民族报》2008年1月29日第6版。

第三章　世俗化与三个基本问题

　　查尔斯·泰勒一再追问，为什么西方社会在 1500 年的时候，不信上帝是完全不可能的，而到了 2000 年，不信上帝却是十分容易的，甚至是不可避免的？笼统地回答这是世俗化的结果，似乎还没有给出令人信服的答案。我们还需要弄清楚，究竟哪些精神力量使得事情发生了这种转变，上帝的替代者是如何生成的？

　　在泰勒眼中，上帝无所不在的西方古代世界，基本上可以从三个方面来理解[1]：第一，自然界是神圣秩序的一部分。这个自然界位于宇宙中的某个位置，这个宇宙是可以显明神圣目的和神圣行为的宇宙。古代的自然界不是我们现今所理解的样子，它的秩序与设计，都证明着创造活动的真实性。自然界中的重大事件，如风暴、干旱、洪水、瘟疫、大丰收等，都被视为上帝的作为。第二，上帝存在于人类社会的各个方面。这里的"社会"不是现代意义上的社会，而是指城邦、王国、教会等。人类在这些群体中的交往行为，都是与仪式或崇拜之类的事情有关的。第三，人类生活于一个巫魅的世界中。"巫魅"（enchantment）一词，乃是在韦伯描述现代状况时用的"祛魅"（disenchantment）一词的相反意义上使用，以便用来描绘古代世界的状况，它意味着人们曾处于一个充满神灵、恶魔和道德力量的世界中。这些外在的力量，随时随地影响着人们的生活，甚至影响着人们的心灵和道德。对于 1500 年的欧洲来说，信仰上帝是抵御恶魔和防止道德败坏最直接最有效的途径。

1　Charles Taylor: *A Secular Age*, The Belknap Press of Harvard University Press, 2007, p.25-26.

在这三种情况下，无神论几乎不可能，上帝是自然界的创造者，是人类社会存在的基础，是抵抗邪恶力量的堡垒。后来的情况则不同了，现代社会的各个领域都普遍昭示着，即使在没有上帝参与的情况下，也都可以独立自主地存在。例如对"完满"（fullness）这个极其重要的概念的理解，古代社会的看法是，我们的最高精神和道德欲求，无不与上帝有关，离开上帝则无法达至完满；而现代社会的看法是，这些欲求可以完全与上帝无关，它们可以与其他的根源相关联，这些根源通常否认上帝。[2]

那么，这些威胁着上帝的根源究竟是什么？泰勒认为，自然科学的发展，并不足以对上帝构成威胁，相反，它一开始设想一种特殊的天意，科学研究的目的，正是要发现自然界背后隐藏着的上帝的意志。达尔文主义也不足道哉。泰勒要寻找的，乃是更加本质的东西。

这些替代性的根源，其实是一种"唯我独尊的人本主义"（exclusive humanism）。虽然"唯我独尊的人本主义"不是唯一的、直接的原因——因为现代还存在众多的"非宗教"和"反人本主义"的主张，如"解构主义"和"后结构主义"等[3]——但人本主义确实作为先行官，导致了信仰危机的时代的来临。人本主义结束了原来未经批判的幼稚的（naive）信仰方式，放弃了用信仰解释世界的方式。它所开启的，乃是对自我的新认识。现代自我不再是开放的（porous）和易于受到外界精神力量影响的，而是"戒备森严的"（buffered）。这种戒备森严的自我，不再向外部寻求道德根源，而是转向了内部。这种内/外的区分，是泰勒解释世俗化这种关键性转变的一个重要方式。

柏拉图主义、斯多葛主义，甚至亚里士多德主义，都依然将自我放置于一个巨大的宇宙秩序中，他们不废除世界的神秘性，甚至反对世界的机械化，他们均不属于唯我独尊的人本主义之列。倒是伊壁鸠鲁主义，对于唯我独尊的人本主义负有一定的责任，但它还不是现代意义上的人本主义。

要理解现代人本主义是如何形成的，泰勒认为，我们必须考察三个基本的问题，没有对于这三个基本问题的理解，就无法理解现代人本主义是如何成为宗教思维之外一种独立的思维方式，并日渐成为了现代思维的主流的。

---

2 Charles Taylor: *A Secular Age*, The Belknap Press of Harvard University Press, 2007, p.26.

3 Charles Taylor: *A Secular Age*, The Belknap Press of Harvard University Press, 2007, p.19.

这三个基本问题是：世界的祛魅、反结构的崩溃和高位时间的消失。

第一节　世界的祛魅

笼统地讲，古代的世界是一个人们所熟知的关于神灵、恶魔和道德力量的世界，而祛魅，则意味着这些超验的神圣力量的消失，是古代巫魅化的世界的改观。现今的世界被认为是一个澄明的世界，物理的东西和精神的东西被区分得十分清楚。对于人类来说，一切思想、感知和精神活动的场所，只存在于心灵（minds）之中，它是人类所独有的，有边界的；从而，一切精神的活动，都是"内在的"（within）。"在这个新的时期，哲学的原则是从自身出发的思维，是内在性，这种内在性一般地表现在基督教里，是新教的原则。"[4] 所以，新教与现代哲学都是不同于古代的，是"现代性"的。所不同的只在于，在新教的内在性中，最终遭遇的还是上帝，而现代哲学与上帝无关。现代哲学是完全世俗性的。如果说，新教的祛魅是要祛除非上帝的魔法因素的话，现代哲学的祛魅则是祛除一切超验的因素，包括上帝。但祛魅这件事情，都依据一个共同的原则，那就是内在化（其激进的结果就是人本主义）。

这种内在空间的获得，来自于人类内省的自我意识。当代流行的做法，往往把心灵（mind）的问题，搞成了"心灵——肉体"的对立。泰勒显然不着意于此，泰勒的兴趣在于：古代世界源初的巫魅化的理解方式，如何成了现代的祛魅的理解方式；更进一步的，同样是现代性的，新教为何是与上帝有关的，而现代哲学则是彻底世俗化的。

当人们讨论"意义"（meaning）这个概念时，现代精神关照下的世界与巫魅化的世界的不同之处，就凸显出来了。对于前者，意义仅存在于心灵之中，即有意义的事物是那些在我们的精神中可被明确意识到，并可明确给出回答的东西。这与各种哲学观点具体的回答方式无关，关键在于它是一种"内在"的理解方式。在巫魅化的世界中，意义显然不存在于人类心灵内部，这个世界本身有善和恶两种神灵，他们从外面影响着人们的生活。这也是古代十分看重圣物的原因，因为圣物中隐藏着神秘的力量，如果使用不慎，就会

4　黑格尔：《哲学史讲演录》（第四卷），贺麟、王太庆译，商务印书馆 1978 年，第 59 页。

对人们的生活造成损害。

在巫魅化的世界中，意义是独立的，不依赖于人类的，即便我们不存在，它也照样存在。它可以主动与我们发生联系，以某种熟悉或陌生的方式接触我们，使我们生起善恶的回应，它也可以安静地呆在某处，不搭理我们。换言之，这个世界不仅在一定的事态下影响我们，不仅通过施作用于心灵或机体以唤起意义，而是在我们与之接触之前，意义就已经存在了，它越出我们，是外在的。

但人类之间的那种互相影响——如你的悲伤的情绪使我产生了悲伤的情绪，或者我之前从来没有的、从你学来的开放大度的爱，再或者我们由于彼此相爱而激起的单身时所不具有的情感——都不是这里所谈的巫魅化的世界那种对我们的影响。因为这里还未越出人类的领地、人类的能力和人类的潜能。巫魅化的世界包括着另一类力量，它们不但可以激起人类强烈的反应，而且可以施作用于其他事物，如控制闪电和冰雹、摧毁作物等。它们是一种魔力（magic），这些力量在引起因果效应的同时，也唤起心灵的回应。也就是说，外在于心灵的物理世界，不仅遵循因果律，而且与我们的道德情操有关。例如心灵的悲伤往往被认为是受到了外界某种精神力量的影响，从而，悲伤不仅仅是一个内部事件，而且与外界的某种变化有关。人类力量与非人类力量之间的界限并不明显，意义存在于心灵的同时，也寓居于形形色色的、外在于人类的事物之中，外部世界与心灵世界的边界是模糊的，是可以彼此渗透的，这种巫魅化的世界中的自我，泰勒称之为"开放的自我"（porous-self）。

在自我与外界的互渗中，恶的力量会占有（possess）我们，并吞食我们。但善的力量，如上帝和圣灵，是进入（enter）我们，并从内部唤起我们的生机，他们就如礼物（gift）一样，本不是我们内在的欲求，而是超越于我们的善。这种善不能被内在性所置换或否定，而只能在一种交互空间中被接受过来。这意味着拒绝上帝是不可能的，因为拒绝上帝必然意味着投靠撒旦。

在现代思维中，"内在"与"外在"是一种十分重要的对立。"我们把我们的思想、观念或情感考虑为'内在于'我们之中，而把这些精神状态所关联的世界上的客体当成'外在的'。"[5]与这种对立相伴随的，是主体与客

---

5 查尔斯·泰勒：《自我的根源：现代认同的形成》，韩震等译，译林出版社 2001年，第 165 页。

体、意识与世界的对立，甚至心灵与身体的分立，心灵上的某些变化，如悲伤，很少会归因于身体的不适，更不会归因于身体之外魔法性的影响。外在于心灵的事物，通过两种可能的方式冲击人类的心灵：其一，我们可以观察这些事物，从而改变我们对世界的看法，即被异于我们的东西激起新的思维。其二，我们的身体与外界事物具有不间断的关联，而我们的心灵又是因果性地回应身体的，所以它必然受外界的影响。[6]在这些情况下，意义是我们内部的回应，是心灵的功能或产物。泰勒管现代这种一切意义产生于内部，而不依赖于外部的自我，叫做"戒备森严的自我"（buffered-self）。这种现代的自我观念，导致了一种完全不同的生存状态。我们的终极目的来自于我内部，而事物的意义，则仅限于我对它们的回应。由于对这些目的和意义的不同理解，就产生了现代社会的一个基本特征，即多元化。这些目的和意义，要么是对立的，要么是极脆弱不堪一击的。我们对这种情况常常感到不可掌控，所以我们主动地去避免痛苦，不去招惹陌生事物。这种戒备的自我，其边界就如一个缓冲器（buffer），一切超验的事物，都不要到我这里来。这种自我是不易受到外界伤害的，是意义的主宰者，它不再像开放的自我那样会受到神灵、恶魔或宇宙力量的影响，也不再会被摄入到一些特定的意义境遇中。另外，戒备的自我有一种野心，想要从一切超出自身边界的东西中脱离出来，独立自主，自己给自己制定法则。

现代戒备的自我，很容易将自己看作是个体的，甚至是原子的。这种个体的脱离感，反而会使个体能明显地感受到自己与周围的自然事物和社会事物的关联，只是这种关联不再先天地给自我一个安身立命的处所，而是以自我为重心，使得万物按照自我的意愿给予安排。人类头顶上的神灵，现在被放在了心里，甚至被放在了博物馆里。

但巫魅化时代的人们，由于自我与周围的世界是互渗的，人们本质地处于一个大的共同体之中，是社会化的，没有脱离出来的个体意识。所以一切行为，如宗教仪式，都是全体性的行为，一切好的或坏的结果，都由全体共同承担。异端所造成的危害，将涉及到共同体中的每一个人，对异端的反对，也不是个体行为。这也是为何早期对异端的不宽容如此之普遍的原因，因为如果大家的虔诚和忠贞关乎全体的利益的话，那么任何个人的亵渎

---

6 Charles Taylor: *A Secular Age*, The Belknap Press of Harvard University Press, 2007, p.33.

行为，都有可能会损害到所有人，共同体必然会以强大的力量，将他拉回到安分守己的位置。在基督教国家，不仅社会、教区，甚至整个王国，都要一起面对上帝，并对大公教会负责任。这也是为什么十六世纪有人宣称要向女巫"复仇"的原因，即使他并不认识这个女巫。异教徒或无神论者是不允许存在的。

在这种结成一块的社会中，人们普遍经历着一种天真的、未经反思的上帝观念，人们的世俗生活必然地与神圣的上帝交织在一起，而不可能是其他的样子。如果它不根植于上帝，那么唯一的选择就是根植于撒旦——上帝的对立者。不以共同的宗教信仰为基础而建立起来的社会，在那时是不可能的。而现代社会的基础是个体的一致同意，即使不同的宗教信仰者，以及无任何宗教信仰的人，都可以组成一个社会。

在古代世界，对上帝与灵界，人们作为一种确定的真实，不加怀疑地接受下来；而现在却产生了争论，它们存在，还是不存在？这都需要进一步辨析，不再有天生的无神论者和有神论者了。这不是说现代对世界的理解，直接否定了上帝和灵界的真实性，而是说，现代使得这种信仰成为了可以怀疑、争辩和调和的。而世俗化，尤其是世俗主义者的逻辑，就是直接否认上帝和灵界的真实性，理性可以处理的问题，绝不诉之于信仰。

第二节　反结构的崩溃

所谓反结构（anti-structure），指的是在一种社会结构和组织秩序背后，有一种完全相反的结构和秩序。这种反结构可能会在特定的时刻、特定的地点或特定的人群中显露出来，它是现有社会制度和公共秩序的有益补充。这种反结构，在古代社会，尤其是在古代基督教社会，是十分普遍的，而且同时也是十分安全的，因为反结构和现有结构一样，也是服从于神圣秩序的。但在现代社会，这种作为现有结构的有益补充的反结构消失了，一切反结构都是现有结构的对立面，都是敌人，因为现有结构和反结构不再服从于一个统一的神圣秩序了。现代社会对反结构采取的是镇压态度。

在中世纪的基督教国家中，日常幸福和自我超越之间，普遍存在着一种张力。比如生育与独身，生育是人类堕落的结果，是人类在堕落的时代中保持种族延续的方式；而独身，则可以跳出堕落的时代，转向上帝的永恒。

[7]大公教会对这种张力有一种合适的解决：有专门独身的神职人员，也有不必独身的平信徒。这是一种群体内的等级化和职能分工。随着这种日常幸福与自我超越的融合，出现的一种情况就是：有关信仰的事情，也往往具有使人们的现世生活得益的作用。

在狂欢节之类的节日庆典中，也有一种张力的调和。那时，愚蠢的人会被奉为国王，而平时备受尊敬的人，则会成为嘲弄的对象。[8]这一类的节日，据说来源于乡村，未婚的小伙子，在一个特定的时候，可以放肆大胆地胡闹。对此的一种解释是，平日里人们的道德压力过于沉重，人类的本能又不可能被完全压抑，所以需要定期地予以释放，这也是道德秩序不至于分崩离析的一种调节方式。

这些张力，其实就是结构与反结构的表现。反结构会时不时地跳出来，代替现有结构执法一段时间，但它不从根本上消灭现有结构，它会主动让出执法权，现有结构会重新浮出水面。但奇怪的是，重新执法的现有结构似乎变得比之前更有力了，它吸收了反结构中的活力。结构与反结构之间，存在着一种彼此调和的关系，它们不是非此即彼的对立者，而是共同服从于一个更高秩序的互补者。这个更高的秩序就是以上帝为根源的神圣秩序。

在否定神圣秩序的同时，结构与反结构的调和也不再可能了，一旦失去统领者，结构与反结构便成了非此即彼的敌人，所以，这两者之间的张力，会使现代心灵觉得不安，一切有可能打破现行的社会秩序和社会结构的力量，都可能带来颠覆性的混乱。所以，现代社会不欢迎反结构的存在，它顶多保留着一种阶层关系，当然这种阶层关系也有被颠覆的时候。如权力阶层控制着政治、经济、文化等领域的主导权，下层的生产者，则从事生产制造、政治参与等。当生产者长期与事物打交道而日益认识到自己的创造性时，他便获得了一种东西，那就是"自由"。自由正是在对于权力阶层的顺从中所失去的东西。而权力阶层长期不与事物打交道，则日益认识到自己受限于生产者所提供的东西，也就渐渐失去了"自由"，这也正是其作为当权者所特有的东西。当权者－生产者与结构－反结构不同，在这里没有一个神圣的秩序是两者共同服从的，生产者有代替当权者的可能，而且这种代替不是暂时

7　Charles Taylor: *A Secular Age*, The Belknap Press of Harvard University Press, 2007, p.44.

8　Charles Taylor: *A Secular Age*, The Belknap Press of Harvard University Press, 2007, p.46.

性的。所以马克思（Karl Heinrich Marx）所说的，无产阶级代表着先进生产力，也可以在这个层面上来理解。

社会的组成，不仅依靠我们是同类这一直觉，而且来自于一种彼此交融感，即我们是通过作为不同的社会角色而联系在一起的，是以人类的多样性而结合在一起的。古代社会的结构与反结构，是构成人类共同体的内在素质。反结构的力量，不但使人们可以打破他们原有的社会角色归属，而且可以释放他们的创造性。人类有突破准则限制的要求，反结构使得这种突破是安全的。反结构是必不可少的因素，现行结构需要被补充、抵消和调和。

在现代社会中，虽然也有类似于古代的、脱离于日常规范的时刻，如公共假期或足球比赛。但现在对于反结构的需求，已经不再被广泛地意识到了。只承认一种行为准则，不给它的反对者留有余地，不需要约束者，这无疑是极权主义的观念。极权主义虽然不是反结构消失后唯一的结果，却是必然的结果。

现在人们试图建立一种绝对完善的行为准则，人们相信通过对一套无所不包的社会准则做出调整和修补，就可以回答和解决一切人类社会中所遇到的难题。从这个完整的准则之外寻找资源是不必的。从而，人类与宇宙的精神力量的沟通，也是不必要的。这样一来，原来那种互相交融的社会结构消失了。

现代人试图证明，各种表现形式的政体，都应该建立在某些单一的原则之上，如约翰·罗尔斯（John Rawls）等人提出的"原初状态"。而另一些学者，如以赛亚·柏林，却致力于揭示这些大一统的、无所不包的原则是不可能的。我们不能仅拥护一种原则，而应保持各种不同原则之间的冲突性。我们可以说，在现代的社会中，反结构依然被各领域呼求着，但它只在一个地方获得了它的新位置，即私人领域。在私人的、朋友间的、家庭的，或自愿结合的领域，我们才有可能从行为准则和政治体制的束缚中脱离出来，思考或感受我们整全的存在。没有这些领域，现代社会是无法令人生活下去的。这些现代的私人空间，为自由自在的创造力提供了史无前例的可能性，但同时，必不可少地也隐含着从未有过的孤立和无意义的危险，因为这个空间毕竟是"私人的"。

传统的结构与反结构的情形对于我们不再可能了。先前的反结构不但可以使社会结构不至于自我封闭，而且也可以使它从反结构中吸收能量，以更新自己。对反结构强烈的呼求乃在于我们高度的相互依存性。在技术化和超级官僚化的世界中，这种呼求甚至比以前还要强大。它是一股反对工具理性的控制、管辖和专横的暗流。现代的反结构不应该只存在于私人领域，而应进入公共领域。只有在现行准则及其约束的张力中，才可能寻求一个更好的社会，而不是滑落入大一统的单一原则。

第三节　高位时间的消失

泰勒指出，在反结构，或反转的世界中，时间不是瓦尔特·本雅明（Walter Benjamin）所谓的现代"匀质的、空洞的时间"，而是"凯洛斯式的时间"（kairotic，关键性的、关节性的）。凯洛斯式的时间，是线性的时间所突然遭遇到的关键时刻，它的作用是唤起存在状态的转换和神圣性事件的再临。在古代社会，日常时间的组织和安排来自于这种关键性的时间，泰勒称这种时间为"高位时间"（higher-times）。

这种高位时间的作用，乃在于聚集、组合、重新安排日常时间。日常时间泰勒又管它叫做"世俗时间"（secular-time）。那么，高位时间就是与世俗时间相对的、神圣性的时间。世俗时间仅仅就是时间，或一段时期，是一个事物对另一个事物的继续，当一个事物过去了，它也就过去了。这种世俗时间总是与事物相关的。高位时间则不同，它是可弯曲的，甚至是相互矛盾的。在世俗时间中相互离得很远的事物，在高位时间中则有可能离得很近。例如旧约中以撒的献祭和新约中耶稣的受难，按世俗时间来说相距有许多个世纪之远，但按高位时间来说，则是十分相近的事件，两者在神圣计划中是相邻的。同理，泰勒举例说，1998年的耶稣受难节，比1997年的仲夏，离耶稣的真实受难日更近。[9]

一、两种永恒

高位时间为什么具有这个特征呢？对于继承了柏拉图（Plato）和古希腊哲学传统的欧洲人来说，是比较容易理解的，因为真实的存在，是脱离于时间的，是不变的。时间仅仅是永恒的影像。时间中的事物与永恒中的事物相比，处在比较低级的层次上。时间中的事物的运动，往往被更高级的、更接

9　Charles Taylor: *A Secular Age*, The Belknap Press of Harvard University Press, 2007, p.55.

近永恒的运动所限制，事物在经历了一个大大的时间之圈（循环）之后，会回到最初的原点。如斯多葛派就认为，在这样一个循环之后，所有的事物在一场大火中，都会回到最初的无差别状态。

在没有完全抛弃希腊哲学的永恒观念的情况下，基督教发展了另一种不同的高位时间。按照《圣经》传统，宇宙是上帝所创造的，人类的历史，乃是神圣历史的一部分。这个神圣历史，与循环的时间观念是不同的。上帝自己进入了时间之中，道成肉身、受难时刻都是在时间中发生的。进入时间的上帝，并不是次于"永恒"的。这与希腊哲学永恒和时间的区分、时间中的事物次于永恒的观念，是不同的。在基督教的观念中，揭示着不同于希腊哲学的另一种永恒和时间观念。

这一点奥古斯丁（Aurelius Augustinus）在《忏悔录》第十一章中，讨论得很清楚。在他那里，"刹那"，不是一个延展着的线上一个有限的点，而是过去和未来的当下化，是二者的密集。过去当下在场，它型塑着朝向未来的此时此刻。

"刹那"揭示着行为的各个部分的同时在场。行为的现在，与过去和未来都结合在一起，它们彼此之间都有意义的相关，不能被分开。即使是最微小的当下时刻，也是浓缩着过去和未来的。奥古斯丁最喜欢用乐曲或诗歌的一致性来比喻这种时间关系，第一乐符与最后一乐符是同时在场的，因为它们必须与当下的乐符一起，才能作为声音被人听到。在这种情况下，当下时刻是使我们听到乐符所构成的全部旋律的关键。这种当下时刻不是时间的杀手，它不会使得青春一去不复返、过去的岁月永不再来。

在上帝那里，所有的时间，就是这种凯洛斯式的时间。所有的时间对上帝来说都是当下的。所以，在基督教中，追求永恒，就是参与到上帝的刹那时刻。世俗的时间是分散的，缺少统一性，是与消失了的过去和尚未到的未来相割裂的。我们在这种破碎的时间中迷失了，但我们又有着追求永恒的渴望，我们努力超越这种破碎的状态。

二、第三种永恒：源初时刻

现在已经谈到了有两种形式的永恒，其一是柏拉图式的，它是不动的和宁静的，超越于时间之上；其二是上帝的永恒，它不废除时间，而是将时间浓缩在刹那时刻。另外，泰勒尤其指出了第三种永恒，即第三种高位时间，就像伊利亚德一样，泰勒称这种永恒为"源初时刻"（time of origins）。与上面所谈到的两种永恒不同，这第三种永恒没有被哲学家和神学家所重视，而是属于民间传统的，不仅包括欧洲，而且包括所有的地方。这是一种关于"重大时刻"（Great Time）的观念，这个时刻是事物得以建立的时刻。在世俗的时间中，最初的那一刻就是遥不可及的过去，是不能再度靠近的；但源初时刻是可以再度靠近、再度获得的。源初时刻的获得，是通过宗教仪式，当这些仪式一旦接近源初时刻，就具有更新、重组日常生活的能力。所以源初时刻不但是留在我们身后的东西，而且是某种超越于我们之上的东西。它是最初的开始，但同时也是伟大的范式，是我们可以靠近和远离的第三种永恒。

伊利亚德在《神圣与世俗》（*The Sacred and the Profane: The Nature of Religion*）一书中，曾详细地分析过这种源初时刻。对宗教徒而言，一方面有着世俗的时间，这种时间是普通的流淌，是匀质的绵延，其中不存在任何宗教意义；另一方面，就是这种源初时刻，它是神圣的间隔，是打破世俗时间的绵延的定期回归。这种回归往往是借助节日或宗教仪式实现的，它意味着对这个源初时刻的再现实化。"确切地说，它是一种被显现出的原初神话时间。每一个宗教节日和宗教仪式都表示着对一个发生在神话中的过去、发生在'世界的开端'的圣神事件的再次现实化。对节日的宗教性参与意味着从日常的时间序列中逆出，意味着重新回归由宗教节日本身所再现实化的神圣时间之中。因此神圣时间可以无限制地重新获得，也可以对它无限制地重复。"[10]通过节日或仪式对源初时刻的回归，不是一种象征性的获得，乃是真实地回到了神圣事件第一次发生的时刻。

这种源初时刻所带来的间断，与非宗教徒所体味到的世俗时间内部的间断不同。在世俗时间之流中，也可以存在着某种间隔。"对于非宗教徒而言，有着相对来说是比较单调乏味的工作时间，也有着庆典和欢度'节假日的喜庆时间'。他也生活在一个变化的时间律动之中，能够意识到具有不同力度的时间。"[11]当他沉浸在休闲音乐，或处于热恋中时，这段时间相对于工作中的时间，乃是一种不同的律动。但这种世俗的间断不同于向源初时刻的回归。世俗的间断有它的开始和结束，它并不以某种气质渗透到世俗时间中去。我们在这种间断的前后，体味到的不是永恒，而是死亡。因为它消失时，乃是

---

10 米尔恰·伊里亚德：《神圣与世俗》，王建光译，华夏出版社 2002 年，第 32-33 页。

11 米尔恰·伊里亚德：《神圣与世俗》，王建光译，华夏出版社 2002 年，第 33-34 页。

一种永远的消失。例如性高潮就是这么一种世俗时间的间断。它不与超验的神圣者相沟通，而乃是一种向着死亡的下坠。而向源初时刻的回归，每一次都是与永恒的接触，这种永恒会渗透到世俗时间中去。在世俗时代，人们丧失了这种与永恒的接触，但又有打破时间的匀质绵延的需求，所以往往会坠入到世俗时间的间隔中去。工作越辛苦，工作之余的消遣就变得越疯狂。这是一种与神圣者和道德无关的逃逸。

在《神圣的存在：比较宗教的范型》（*Patterns in Comparative Religion*）一书中，伊利亚德指出，这种源初时刻，尤其体现在原始民族的生活中。原始人对世俗时间的经验与对神圣时间的观念不是彻底分离的。"这种时间经验赋予原始人一种通向宗教时间的永恒'出口'。……我们不妨说正是原始人的时间经验的性质使他很容易将世俗转化为神圣。"[12]对原始人的心智而言，时间不是匀质的。对于他们而言，世俗时间同时具有某种神圣的含义。例如日出，这是一天的开始，同时它也意味着这个时刻出生的婴儿是幸运的，但这段时间出去打猎、捕鱼或旅行，则是不会成功的。这种现象几乎在各个民族都十分普遍，中国民间现在还有这种传统，流传甚广的老黄历中往往有"某某日，宜出行，不宜动土"等所谓的"黄道吉日"。

三、匀质的现代时间

泰勒进一步指出，上面所谈到的三种高位时间，有助于理解古代先民的时间意识。在每一种情况下，在世俗时间的水平维度之外，还有一个垂直的时间维度，这个垂直维度的时间是可以弯曲的，可以将世俗时间浓缩。世俗时间的流逝，是在这样一种高位时间所构成的背景中的，每一事物都与不止一种时间相关联。

而在现代人的时间意识中，时间是匀质的、空洞的，就像空间一样，时间是其中所发展变化着的事物的容器。这种时间的空间化，使得时间与填充于其中的事物分离开来了。如果说古代的时间是"场域式"（field）的，现代的时间则是"空间式"（space）的。对这种现代的时间观念，阐发的最清楚，并对后世影响最大的，乃是牛顿（Isaac Newton）。

牛顿区分出了两种时间，即绝对时间与相对时间。"绝对的、真正的和

---

12 米尔恰·伊里亚德：《神圣的存在：比较宗教的范型》，晏可佳、姚蓓琴译，广西师范大学出版社 2008 年，第 365 页。

数学的时间自身在流逝着，而且由于其本性而在均匀地，与任何其他外界事物无关地流逝着，它可以名之为'延续性'；相对的、表现的和通常的时间是延续性的一种可感觉的，外部的（无论是精确的或是不相等的）通过运动来进行的量度，我们通常就用诸如小时、日、月、年等这种量度以代替真正的时间。"[13]从牛顿的区分，我们可以看出：绝对时间的绵延不是事物的运动，不具有方向，可以被匀质切分，从而可以作为标度性的参量。而相对时间是与事物的运动相互关联在一起的，更本质的讲，它还不是一种时间的观念，乃是一种时间的日常感觉。相对时间只有在绝对时间的参照下才有意义，否则，就仅仅是事物的运动，而不是时间。所以在牛顿那里，真正的时间是绝对时间，就是现代意义上的匀质的、空洞的、与事物相互区分的时间容器。这种现代时间观，其实也是自然科学思维下的产物，是对日常时间的自然科学化，使之成为一个可度量的自然参数。现代钟表最能体现现代时间的特质。这种时间不但对于其中的事物是冷漠的，而且对其中的人类历史、人类的道德情感等等都是冷漠的。在现代时间观中找不到永恒，既没有柏拉图的理念式的永恒，也没有基督教的神圣的永恒，更没有伟大的源初时刻。一切都是匀质的、空洞的，其中没有关键点，没有意义的密集时刻，没有时间的弯曲。过去的永远过去了，未来的还在遥远的未来，他们彼此毫不相干。就像空间 A 和空间 B 中的两个事物一样，永不相遇。

对于现代人而言，我们的时间主要的乃是一种世俗时间，事物或事件随着时间之流，在一个水平的维度上流淌。这种世俗化的时间视野，已经不可抗拒地占据了主导地位。但是对于现代基督徒而言，他们依然生活于世俗时间和高位时间的相互交叉之中。虽然世俗时间是匀质连贯的，但高位时间会不时地打破这种连贯性，"认为时间有一个高位原型，会对世俗时间形成冲击，妨碍世俗时间和空间的单纯的连贯性。"[14]时间的非匀质性和非连贯性，必然也要求空间是非匀质的和非连贯的。"一个神圣的空间，如圣坛、朝拜地点等，比日常生活中的空间更加接近高位时间。"[15]这种空间的非匀质性和

---

13 牛顿：《牛顿自然哲学著作选》，H.S.塞耶编，王福山等译，上海译文出版社 2001 年，第 26 页。

14 Charles Taylor: *A secular Age*, The Belknap Press of Harvard University Press, 2007, p.96.

15 Charles Taylor: *A secular Age*, The Belknap Press of Harvard University Press, 2007, p.96.

非连贯性，在文艺复兴之前的教堂绘画中，表现的是十分突出的。文艺复兴之后的现代绘画，才开始重视透视，即才开始重视世俗空间的连贯性。

总之，现代均质的时间观与世界的祛魅、反结构的消失一起，构成着世俗思维的一个基本特征，那就是：只在一个维度内考虑问题，并只在一个维度内解决问题，这个维度根本上是一个人本主义的维度，与超验者上帝无关。

第四章　世俗化与社会结构的转型

考察社会结构的历史变迁与现状，是准确理解基督教在现代社会中的地位与作用的基本前提，对于基督教学术研究以及基督徒的自我定位，都具有极其重要的意义。我们并不预设基督教的某些观念变迁（如世俗化）和某些社会行动（如宗教改革）导致了社会结构的变动，或者社会结构的变动导致了基督教某些观念的变迁和社会行动；这两者之间的影响和因果关系，往往是相互的，极其复杂。我们的任务仅仅在于，在梳理西方社会结构变迁的同时，为理解现代基督教的状况和现代人的心性特质，提供一种比较可靠的背景依据。

我们将西方社会大体分为三个时期，并相应地对应三种基本结构，即希腊罗马时期家庭领域与政治领域的二元结构、中世纪世俗领域与宗教领域的二元结构，以及现时代私人领域、社会领域和政治领域的三元结构。在现时代，政治领域已经完全是世俗化的了，社会领域还部分地受着宗教的影响，基督教真正的容身之地，乃是在私人领域。

第一节　希腊罗马时期的社会结构

古希腊罗马时期的社会结构，大体可以分为两个领域，即家庭领域和政治领域。按照汉娜·阿伦特（Hannah Arendt）的分析，"至少从古代城邦兴起以来，家庭领域和政治领域就一直是作为两个不同的、分离的领域而存在的。"[1]与家庭领域相对应的，是私人生活；与政治领域相对应的，是公共生

---

1 汉娜·阿伦特："公共领域和私人领域"，载《文化与公共性》，汪晖、陈燕谷

活。这两者的区分，在希腊罗马人看来，乃是自明的公理，是全部古典思想得以建立的基础。

家庭乃是受必然性所束缚的非自由领域。家庭有以下两个特点：第一，家庭是一个自然共同体，使得这种自然共同体得以存在的唯一理由，乃是生活本身，即维护个体的生存与种的延续。"个体的生计应当是男人的任务，而种的延续则应当是女人的任务，这一点是非常明显的。男人为获取食物而劳动，女人则专事于生养后代，这两种自然功能受制于生活的同一种紧迫需要。"[2]第二，家庭是最严格的不平等的中心。在家庭领域内，一家之主统治其家庭成员和奴隶的手段，乃正是暴力。暴力是一种前政治力量，它在家庭领域内的使用是正当的，只有通过暴力，才能将一个人从生活的必然性中解放出来，以达至自由。"希腊人认为，在私室里、在共同世界之外度过的生活按其本质便是'愚蠢的'；罗马人认为，私人性仅仅提供了一个逃避共和国事务的临时藏身之所。"[3]

而政治则是一个自由的领域。古典政治的主要形式——城邦，乃是由平等的人所组成的。"自由意味着既不受制于生活的必然性或他人的命令，也不对其他人发号施令。它既不意味着统治，也不意味着被统治。因此，在家庭领域里，自由是根本不存在的；仅当一家之主，即家庭的统治者有权离开家庭，进入人人平等的政治领域时，他才被认为是自由的。"[4]阿伦特认为，古典政治领域内的这种平等，与我们今日所理解的平等，几乎没有共同之处。今日的平等乃是与正义相关联的，而古典的平等，乃是自由的本质所在，它意味着生活在一群和自己一样的人之间，既不被别人所统治，也不统治别人。所以，古典时代和近代人们对政治的理解是很不一样的。古典时代政治意味着自由，而近代政治意味着统治。统治与被统治、政府与权力之类的现代政治观念，在古典时代恰恰是非政治的，是私人领域的。

政治领域之所以在希腊罗马人心目中具有崇高的地位，除了它是自由的

主编，生活·读书·新知三联书店 2005 年，第 62 页。

2 汉娜·阿伦特："公共领域和私人领域"，载《文化与公共性》，汪晖、陈燕谷主编，生活·读书·新知三联书店 2005 年，第 63 页。

3 汉娜·阿伦特："公共领域和私人领域"，载《文化与公共性》，汪晖、陈燕谷主编，生活·读书·新知三联书店 2005 年，第 70 页。

4 汉娜·阿伦特："公共领域和私人领域"，载《文化与公共性》，汪晖、陈燕谷主编，生活·读书·新知三联书店 2005 年，第 65 页。

领地之外，还有一个原因，那就是它也是追求永恒的领地。政治领域作为希腊罗马人共同的世界，是他们出生的时候进入、死去的时候离开的。它超越了个体的生命时限，向着过去和未来延伸，它在一代人进入它之前就已经存在，在这一代人离开后也依然存在，它不仅仅是一代人所共同拥有的，而且也是先辈与后代所共同拥有的。任何家庭领域的东西，都不具有这种永恒性质。他们只有走出家庭，进入政治领域，才能将自己的思想情感等私己体验转化为具有公共性的东西。也只有在政治领域内，才能把自己在这个世界上生活过的痕迹保留下来。"正是公共领域的公共性才能够吸纳人们想从时间的自然废墟中拯救出来的任何东西，并使之历经数百年而依然光辉照人。"[5]个体的生命与公共领域的永恒相比，居于次要地位，正是后者提供了抵制个体生命无益性的保障。

但是，一个人要离开家庭领域而进入到政治领域，还是需要"勇气"的。"因为只有在家庭的范围之内，一个人才主要关心他自己的生存。任何人一旦进入政治领域，他首先都必须时刻准备着牺牲自己的生命，过分留恋生命会妨碍自由，这是受奴役的明确标志。因此，勇气便成了不折不扣的政治美德。"[6]勇气在古典政治中具有无比重要的地位。希腊罗马人的政治意识之中，家庭领域和政治领域的界限是如此的清晰，犹如一条鸿沟分开的两座高原，所以要跨过这条鸿沟，是要冒险的。他们赋予了政治领域崇高的地位，认为它乃是实现人之本质的地方，也是人们过上真正幸福生活的地方，所以维持生命过程的一切谋生活动都被禁止进入。为了维护政治领域的真正自由本性，他们甘愿放弃一切商业和制造活动，而将其委诸奴隶和外邦人。

第二节　中世纪的社会结构

随着罗马帝国的分崩离析，原来政府的特权——给人以公民身份——转移给了天主教会。在中世纪，古典时期那种家庭领域（私人生活）和政治领域（公共生活）的二元区分，发生了重大的变化。代替家庭领域和政治领域之间的区分，以及后者对于前者的优越性的，乃是世俗领域和宗教领域之间

5　汉娜·阿伦特："公共领域和私人领域"，载《文化与公共性》，汪晖、陈燕谷主编，生活·读书·新知三联书店 2005 年，第 86 页。

6　汉娜·阿伦特："公共领域和私人领域"，载《文化与公共性》，汪晖、陈燕谷主编，生活·读书·新知三联书店 2005 年，第 68 页。

的区分，以及后者对于前者的优越性。就像先前人们要从家庭领域的必然性走向政治领域的自由一样，中世纪的人们乃是要从日常生活的黑暗走向神圣之物的光辉。

如果说，希腊罗马时期的社会结构是一个双层结构的话，中世纪的社会结构同样是双层的，只不过此时不再是家庭领域和政治领域，而是世俗领域和宗教领域。这两个领域与希腊罗马时期的两个领域的关系是这样的：第一，宗教领域几乎可以等同于原来的政治领域范围，是一切公共事务进行的场所，只不过在这个场所中，将信徒共同体连接起来的，乃是一种对来世的关怀，而不再是同为自由的人。在这里，等级是可以存在的。第二，封建主义统治之下的世俗领域，在整体上与希腊罗马时期的家庭领域范围完全相同。在这个范围内，一切活动仅仅具有一种私人性质。可以说，中世纪的社会结构仅仅划分为私人生活的世俗领域和公共生活的宗教领域，而公共的世俗领域是不存在的。

在中世纪，我们现代人称之为"社会"的那个混合领域还不存在，现代的社会概念，一个基本的特征乃是私人利益具有公共的意义。中世纪世俗领域内的，一切人类活动都是私人性的，人与人之间的一切关系，乃是按照家庭的模式建立起来的，利益，不论是私人利益还是共同利益，都不具有公共意义，如当时的行会、商社等概莫能外。"中世纪的'共同利益'概念并不表示存在着一个政治领域，它仅仅承认一群私人个体在物质和精神方面有着某些共同利益，只有当他们中间有一个人站出来承担起看护这种共同利益的责任时，他们才能保有自己的私人性，一心一意地做自己的事情。"[7]

第三节　世俗时代的社会结构

中世纪的双层社会结构得以改变，与下面的一个重要的事实有关，那就是现代"公共领域"的崛起。在现时代，公共领域乃是既独立于政治领域之外，又与私人领域相对立的处理公共事务的领域，通常也被称之为"社会"（如阿伦特）。现代公共领域（社会）既吞噬了古典的家庭领域与政治领域的划分，也模糊了中世纪世俗领域与宗教领域的划分，它在代表个人生活的世

7　汉娜·阿伦特："公共领域和私人领域"，载《文化与公共性》，汪晖、陈燕谷主编，生活·读书·新知三联书店 2005 年，第 67 页。

俗领域和代表公共生活的宗教领域的交叉地带诞生，是一个具有公共性质的世俗领域。在这个公共的世俗领域之内，私人事务，如对私人利益的保护，获得了公共意义，而公共事务，如家政管理，则不必与宗教有关。另外，随着宗教改革和民族国家的建立，政治事务从宗教领域中独立了出来。所以自近代以来，西方的社会结构发生了巨大的变化，大体可以划分为三个层面，即：私人领域、公共领域（包括世俗和宗教两个方面）和政治领域。

现代社会的政治领域具有完全的世俗性质，一切政治事务完全脱离了宗教的管制，中世纪那种政治机构同时是宗教机构的状况已经不存在了。现代政治领域和古典政治领域有点像，但又十分不同，这一点我们后面会讨论到。公共领域一部分是宗教性的，宗教多多少少还在某些方面发挥着公共作用（如修道院、教会学校和宗教慈善等）；但大部分是世俗性的，这种世俗性的公共领域乃是现代社会所特有的。现代私人领域也发生了一定程度的变化，除了具有原来的维持个体生命的延续功能之外，它还增添了其他的功能，例如保护隐私等。随着现代个人主义的出现，私人性变得越来越重要，甚至某些原来的公共性问题，如道德选择和宗教信仰等，也慢慢具有了私人性质。

对于阿伦特来说，"'公共的'这一术语指的是两个紧密相联但又并不完全相同的现象。"[8]具有公共性的东西，首先是指能够为每个人所看见和听见的出现于公共场合的东西，这一类的东西可以称之为表象，表象构成了现实，具有最广泛的公共性。我们的个人体验，如激情、思想和感官愉悦等，只有经过转化，成为一种适于公开表象的相状，才具有公共性。其次，公共性的东西可以指我们所生活于其中的世界。这里的世界不仅仅是指地球或大自然等人类活动的有限空间，"它既与在共同栖居于人造世界上的人们中间进行着的事情相联系，又与人工制品、即人手制作的东西相联系。共同生活在世界上，这从根本上意味着，事物的世界处于共同拥有这个世界的人之间，就如同一张桌子的四周围坐着许多人一样；世界像每一个中间事物一样，都同时将人联系起来和分离开来。"[9]

现代的基督徒，尤其是新教信徒，是一群对世界失去兴趣、不再感到与

---

8 汉娜·阿伦特："公共领域和私人领域"，载《文化与公共性》，汪晖、陈燕谷主编，生活·读书·新知三联书店 2005 年，第 81 页。

9 汉娜·阿伦特："公共领域和私人领域"，载《文化与公共性》，汪晖、陈燕谷主编，生活·读书·新知三联书店 2005 年，第 83 页。

这个世界相联系或相分开的人，就像我们前文所论述到的那样，他们是一群"既在世界中，又不属于世界"的人。世界对他们来说，不具有根本的重要性，世界因着罪的进入，最终是要被毁灭的，世界只不过是现在的一切活动不得不在其中进行的条件而已。

现代基督徒要在世界之外，找到一个彼此连接的方式，那就是爱。但是爱具有极大的私密性，以爱为基础建立起来的连接，从根本上讲并不是一个真正的公共领域。基督徒通过爱相互连接在一起，像肢体一样彼此建立，彼此互称弟兄姊妹。这种结构是以家庭成员之间的关系为模型建立起来的，在根本上具有非政治性和非公共性。在家庭成员之间是不可能存在什么公共领域的，因此，从基督教社团中也根本不可能发展出公共领域。

另外，基督教对于善的理解，也决定了其建立公共领域的不可能。

在希腊罗马时期，私人领域是一个消极的领域，它意味着如果仅仅在家庭的范围内度过自己的一生，那么，我们作为人的本质性的东西——如自由——便被剥夺掉了。这种观念在基督教兴起后发生了重大的改变，基督教的道德观念总是强调每个人应该管好自己的事情，而政治责任往往是一种负担。基督徒对公共领域采取一种敌视态度，或者说，起码是一种回避的态度，他们倾向于尽可能地过一种远离公共领域的生活。基督教的善，乃是一种绝对意义上的善，它和古希腊罗马时期荣誉伦理中那种对他人有好处的善是不同的。耶稣基督所教导的善，具有明显的隐匿性质，不愿被看见和听见："你们要小心，不可将善事行在人的面前，故意叫他们看见；……不要叫左手知道右手所做的；"（《马太福音》6：1-3）一旦善被公开出来，它便失去了善的品质，就不再是仅仅为了善的缘故而做的事情了。 没有人能够是善的，而仅仅能够是爱善的。阿伦特说："这使我们想起苏格拉底的伟大识见：没有任何人能够是智慧的，然而爱智慧，即哲学正是从这里诞生出来的；耶稣一生的行述似乎也证实了对善的爱是如何从没有人能够是良善的这一识见中产生出来的。"[10]就像一个人认为自己是智慧的，同时他也就失去了智慧一样，一个人若认为自己是善的，同时他也就失去了善。

爱善的人与爱智慧的人之不同乃在于：尽管哲学家要进行的活动——思想——乃是一切活动中最孤独的，但它却从来不可能完全离开对话者和同伴

---

10 汉娜·阿伦特："公共领域和私人领域"，载《文化与公共性》，汪晖、陈燕谷主编，生活·读书·新知三联书店 2005 年，第 103 页。

孤立地进行。哲学家起码还能和自己的思想为伴，他的思想可以留存在记忆中，甚至可以通过书写、出版等活动将其公共化。而善工则不同，它必须在别人面前隐藏起来，甚至连自己也不能知道，更不能留存在记忆之中，它必须被立刻忘记，消失，它不属于这个世界，更没有公共化的可能。所以，爱善的人——基督徒——必然是脱离公共领域的人。

　　"因此，善作为一种一以贯之的生活方式，不仅在公共领域的范围内是不可能的，甚至还会对公共领域产生毁灭性影响。或许，没有任何人像马基亚维里那样敏锐地意识到善工的这种毁灭性质。"[11]马基亚维里（Niccolo Machiavelli）给政治行动所定的标准乃是荣耀，这和古典时代是相同的，这一点在后来深深得到了列奥·施特劳斯（Leo Strauss）的认同。在马基亚维里看来，教会之所以在政治活动中是一股堕落的势力，不是因为教阶人士个人的堕落，而仅仅是因为它参与了世俗的公共事务。这样一来的结果，不是公共领域败坏了教会，就是教会毁灭了公共领域。

---

11 汉娜·阿伦特："公共领域和私人领域"，载《文化与公共性》，汪晖、陈燕谷主编，生活·读书·新知三联书店 2005 年，第 106 页。

第五章　世俗化的后果

　　笼统地说，世俗化的后果，不但使我们从上帝的天命秩序中脱离出来，并且也从一切外在的宇宙秩序中脱离出来。世俗化反对一切超验的东西，包括古典哲学的超善和基督教的上帝，它遵循的乃是一种内在化原则。

　　但是，笼统地讨论世俗化的后果，是一项危险的任务，因为世俗化这件事情过于复杂，任何一个小的岔口，都可以引到一个庞大的问题领域中去。为了使关于世俗化后果的论述不至于落入到杂乱的境地，查尔斯·泰勒主张采取一种多维度、分层面的考察方式，从三个方面来系统地讨论世俗化的后果，即政治的层面、公共领域的层面和个人信仰的层面。[1]

　　按照世俗化的内在化原则，就个体信仰的层面而言，人们已经从一种未经考察的、幼稚的信仰秩序中走了出来，成为了经过启蒙的、可以使用自己的理性的人。这时候人们获得了更大的自由，可以依据理性或情感的需要，选择信仰或不信上帝，任何强制性的要求，都是不合理的。所以现时代价值的承认和道德秩序的建立，都以个体的独立、自由与理性为基础。这一点是泰勒尤其关心的，他将很大一部分的精力，都放在了对现代人这种心性变化和精神特质的考察上。泰勒在这个问题上的态度，是理解他的政治主张和社会主张的基础。

　　就现代政治的层面而言，泰勒认为基本上完全世俗化了。现代政治追求自身的哲学化，试图用一种此世的普遍原则，来建立一套完美的制度体系，政府完全脱离教会，政治行为与信仰无关，教会也只在特定的范围内行使其

1　See Charles Taylor: *A Secular Age*, The Belknap Press of Harvard University Press, 2007, pp.1-4.

职责，信仰更多地成为了一件私事。起先那种宗教单位同时也是政治单位的状况不复存在了。就现代社会的公共领域而言，泰勒认为大部分是世俗化的了。宗教之外的公共行为所遵循的准则，评估的依据，通常都与上帝和信仰无关，而是更多地依赖"合理性"。现代社会的公共领域与宗教领域相并存，甚至界限分明，只是在某些特定的事务中，二者才有所合作，如慈善事业或教育事业等。

这些合起来，则表现为当今对于日常生活的肯定：世俗时代不承认在日常生活之上还有一个更高的、与日常生活相对应的善的生活。在各个层面都在普遍世俗化的同时，也产生了许多的危机，其中最严重的一个，就是现代人的认同危机。因为现代人在各个层面上，都丧失了一个统一的、有意义的认同框架。尤其是在道德层面，这种认同感的丧失，往往会导致道德的沦丧，以及对生活意义的虚无感。

第一节　世俗时代的日常生活

对日常生活的肯定，是世俗化的必然后果。日常生活是一个"称谓人类生活涉及生产和再生产方面的技艺术语，生产与再生产指劳动、生活必需品的制造以及我们作为有性存在物的生活（包括婚姻和家庭）。"[2]这种生活，其实也就是普通的生存，或曰生计，它是人们天天都要过的日子，往往与政治生活没有太大关系。

亚里士多德（Aristotle）认为，相对日常生活而言，有一种更高的"善的生活"。奴隶与动物只关心生存，而只追求生计的家庭联合，不是一个真正的城邦。人类应该在日常生活的基础上，参与到一种"善的生活"中来，这种善的生活——即对真理的理论沉思和政治上的参与——乃是人类的本质所在。真正的人应该"考虑道义上的完善，沉思事物的秩序；关于那些对政治至关重要的东西，他们共同精心思索普遍的善并决定如何构建和运用法律。"[3]所以，说人是政治的动物，乃是因为政治参与是对善及善的实施的关心。一个只有日常生活，而没有政治参与的人，不是完整意义上的人；换句话说，

---

2 查尔斯·泰勒：《自我的根源：现代认同的形成》，韩震等译，译林出版社 2001年，第318页。

3 查尔斯·泰勒：《自我的根源：现代认同的形成》，韩震等译，译林出版社 2001年，第318页。

他是一个与善无关的人。所以过度膨胀的个人生活与物质财富，有可能被视为对共同体的一种威胁，往往有非善的嫌疑。

善的生活与日常生活的分离，其实也意味着等级制的区分。这一点尤其体现在古希腊罗马的荣誉伦理中，"武士或统治者带有荣誉和光耀的生活与较低阶层的人士的只关心生计的生活是不可同日而语的。愿意过冒险生活是有名望的人的构成性品格。过分求利也经常被认为是与这一更为高级的生活不相容的。在某些社会，从事贸易被视为对贵族地位的损毁。"[4]

两种生活的区分，也体现在基督教，尤其是天主教社会中。教会中的僧侣，过着一种较高级的生活，作为上帝与平信徒的中介，这些专业人士似乎比一般平信徒更加虔诚或更接近上帝，从而拥有替那些不太虔诚或离上帝较远的人祷告、与上帝沟通的权威，甚至有替上帝赎罪的能力。天主教中的圣礼，也具有高于日常礼节的神圣性，是一种较高级的生活样态。特定的时间、特定的地点，以及某些特定的行动序列，都具有超出日常世俗生活的神圣意义。似乎这一特定情形下，上帝的力量得到了更强烈的体现，更容易为人们所接受。上帝平日里睡着了，这时才被我们唤醒。这些是新教所反对的，所以新教对圣礼、圣物、圣地等的敬拜大大地消减了。

对新教改革者来说，承认某个中介是信仰上的权威——包括教会的专业人士与圣礼等——是违悖基督教的基本命题的。堕落的人不能因着某种仪式，或某个人的承诺，就可以拿到进入天国的通行证。某个人能否得救，是无法得到明确保证的。上帝的意志是不可揣度的，人的理性无法推测之。每个人都因对上帝的信靠而直接与上帝相联系，不需要某个人作中介，也不需要特定的时间与地点。每个人的命运都是被分别决定的，而非借着团体的虔诚，为个人谋得优惠。

在新教看来，个人以及个人日复一日的日常生活，已内在地与神圣性相关联了。"通过拒绝给任何特殊形式的生活以神圣的特权地位，他们否定了神圣和世俗之间的区别本身，并因此肯定了它们的相互渗透。"[5]神圣的生活，或者说，较高级的善的生活，不再仅仅是发生在某个特殊领域的东西，而是渗入到了世俗生活和日常生活的每一个角落。

4　查尔斯·泰勒：《自我的根源：现代认同的形成》，韩震等译，译林出版社 2001年，第 320 页。

5　查尔斯·泰勒：《自我的根源：现代认同的形成》，韩震等译，译林出版社 2001年，第 327 页。

对日常生活的肯定，也是可以找到《圣经》根源的。在《创世记》中，对于世上万物的存在与生活，不只一次地指出，"神看着是好的。"基督教看重的是生活的完整性，其殉道观的核心是为了追随上帝而放弃一些好的东西。这些东西不是因为不好才被放弃的，而是因为世上的罪恶和混乱，才不得不放弃的。"殉道的实质是强烈的损失感。"[6]生活的神圣与完满是相统一的，善的损失也不是永远的，在末世，上帝会恢复善的完整性。在耶稣之死中，耶稣在客西马尼的煎熬与十字架上的痛苦，都说明了我们所舍弃的东西，如生命、自由等，无一不是好的东西。所以，把日常生活当作世俗性与神圣性的统一，对基督徒来说，也本是应有之意。

另外，为了在上帝的秩序中各得其位，过一种完满的、不偏颇的生活，基督徒应极力避免两种偏差：其一就是对这个世界，对世俗生活的弃绝，这本身就是对上帝的赐予的藐视。"禁欲主义不仅是对上帝计划的背离，而且是骄傲的结果，出于我们自以为能对我们的再生有贡献的傲慢，典型的罗马天主教的傲慢。"[7]其二，基督徒应避免陷入事物当中，把事物当作目的，"我们必须在一种意义上爱世界，而在另一种意义上憎恨它，这就是被韦伯称为清教徒的'入世的禁欲主义'的东西的实质。"[8]不沉迷于事物，不以事物的丰富为生活的目的，但也不能抛弃事物，陷于游手好闲的空的深邃。游手好闲者的大脑，会成为魔鬼的工作室。只有在诚实劳动中训练心灵，神圣才会在勤勉的工作中降临。职业不是任意挑选的商品，而是生活方式的实质。我们一方面要投入其中，但另一方面又要把心灵安置在对上帝的敬拜中。

反对这种二分的生活，提倡一种统一的生活，一方面应归功于新教改革，另一方面则应归功于培根所发起的近代实用科学精神。在培根看来，传统科学一直企图通过理性的沉思来掌握宇宙秩序，但这样一来，则逃避了具体有用的研究。理性的沉思不会对生活的状况有所改善，"科学不是一种日常生活应该屈从的更高级的活动；相反，科学应使日常生活得到裨益。不以此为

---

6 查尔斯·泰勒：《自我的根源：现代认同的形成》，韩震等译，译林出版社 2001年，第 329 页。

7 查尔斯·泰勒：《自我的根源：现代认同的形成》，韩震等译，译林出版社 2001年，第 334 页。

8 查尔斯·泰勒：《自我的根源：现代认同的形成》，韩震等译，译林出版社 2001年，第 335 页。

目的不仅是一个道德的失败，博爱的欠缺，也是认识论上的一个无可救药的失败。"[9]科学为日常生活提供服务，而不是高于日常生活的另一种东西。在此意义上，科学乃是一种"新工具"。科学的目的不再是沉思，而是生产性效益。这种有用的科学论断，无疑已成为现代大多数人的科学观念，科学往往与技术互相搭配使用，如"科学技术是第一生产力"等。我们现在已经不会将"科学精神"这个称谓赋予一个哲学家，甚至也不常赋予一个数学家，而是给予一个物理学家，或一座工厂。

新科学精神和新教神学一起，加强了对日常生活和工作的肯定态度。这两种精神，也有着内在的一致性，"两者都把自己看作是对只依赖其错误的传统权威的反叛，是对被忽略了的源头的回归：一方面是基督教《圣经》，另一方面是经验的现实。两者都求助于他们看作与死去的公认教条相对的活生生的经验的东西——个人的皈依和承诺的经验，或者直接观察自然活动的经验。"[10]

虽然日常生活在现代精神中得到了普遍的肯定，但是，这种日常生活往往不能满足人类的本质需求，它往往会堕入到一种平凡甚至平庸的状态，人们一旦认识到了这种平凡性，便承认自己需要被教育，需要被提升，以便过上更有意义的生活。但是出路是艰难的，它往往需要哲学式的深度反思才能获得。

卡尔·雅斯贝斯（Karl Jaspers）在形容大众的日常状态时，有这样一段描述："群众并不真正懂得他们想要的是什么。群众要求只涉及平常的事情，这类事情可以用最质朴的语言来表达。当群众的要求决定了教育的性质时，其结果便是这一类的内容。人们想要学习的东西是将在生活中实际可用的东西。他们想要同生活保持紧密的联系，并且（在这一意义上）通过'生活'而理解一切使生活变得方便和舒适的东西，包括大城市中的交通工具。他们想要培养个性，但以此表示的含义，在一方面，乃是实用（他们误称其为'效率'），在另一方面，乃是无拘无束，即指自由发挥一切爱好的权利（他们把这称为'自然而然'）。他们对于理想目标所具有的严格性颇有反感，因为这些目标所要求的不是效用，而是存在之等级。他们想要的是能够在一起和平

9　查尔斯·泰勒：《自我的根源：现代认同的形成》，韩震等译，译林出版社 2001年，第 321 页。

10　查尔斯·泰勒：《自我的根源：现代认同的形成》，韩震等译，译林出版社 2001年，第 347 页。

共处的个人，而拒绝承认有能负起根本性责任的人的可能性。"[11]

这段话虽然写于二十世纪三十年代，但乍看之下，会让人以为是在描述当代中国。[12]这不免在令人吃惊的同时，又颇多感叹。这种日常生活的精神状况，具有以下几个明显的特征：其一，人们普遍遵从一种工具理性的引导，将实用性作为第一原则，并且有用性的大小可以通过一种普适的尺度来衡量，如货币。其二，自然主义的道德观念为个性化提供了依据，一切人类的自然的癖好，都有得到自由发挥的权利，而不存在伦理上的高低之分。其三，对于理想的、高于日常生活的高级生活采取否认或冷漠的态度。

武士的荣誉伦理、柏拉图主义，以及天主教伦理，都提倡一种高于日常生活状态的高级生活状态，日常状态是较低级的。这些伦理观念内在地主张精英统治，如武士贵族、哲学王、教阶制等。对日常生活的肯定内在地包含着对精英统治的反对，是民主政治的基石。而泰勒之所以一再强调宗教改革对肯定日常生活具有主要的推动作用，正是因为宗教改革同时是一场反对精英统治、争取平民权利的运动。它所带来的悖论性的后果，即是人们所熟悉的"新教是自身的掘墓人"的理论。也可以理解为，这场本意要将神圣性释放到日常生活各个角落中去的运动，因为日常生活本身所具有的世俗性质，而使得神圣性日益消散在各个角落，最终渺无所踪。这当然不是新教改革者所愿意看到的。这个问题的要害，不是宗教形式，而是人，人类的主体性，或说人类的自我意识。人之作为人，无论是宗教视野下的人，还是世俗世界中的人，世界总归是"我的世界"，离开了自我意识的世界虽然还存在，但也仅仅是存在着，此外什么也不是。正是人类的这种自我意识，才是将世界神圣化还是世俗化的根本所在。而不是说，宗教改革、新科学、对日常生活的肯定等，无一例外地、必然地导致世俗化。世俗时代依然有追求荣誉伦理

---

11 雅斯贝斯：《时代的精神状况》，王德峰译，上海译文出版社 2008 年，第 80-81
页。

12 当代中国的年轻人，甚至较年老的一代，都被这种庸常的生活状态所包围着，没有理想，拒绝信仰，对政治冷漠，读大学最好是选择"有用"的专业，人文学科大多不受欢迎，尤其是哲学和文学。大学毕业的目标，就是找到一份收入不错的工作，积攒足够的金钱，买个大小合适的房子，并适当考虑是否把父母接过来一起居住，剩下的钱则用于孩子的教育。某些人不满足于这种单调压抑的生活模式，其标示自己的特立不群的方式，往往是放纵自己的喜好和性癖，对于高远的目标则表示反感。那些心怀高远的人，总让大家觉得过于沉重、一本正经，与沉闷、平庸或轻浮的生活格格不入。

的人，也有以柏拉图的理型观、天主教的天命观为道德规范的人。所以，考察人类的自我意识其内在的矛盾与同一，是理解世俗时代对神圣性的追求的秘密所在。

第二节　现代政治的世俗化

在古代社会，尤其是在巫魅化的时代，神圣者的显现往往与一定的地点（如教堂）、一定的时间（如宗教节日）或一定的行为（如弥撒）等相联系起来。那时，"政治社会与神圣者的关系尤其紧密，甚至政治社会就是神圣维度的一部分。"[13]这种特性在罗马天主教鼎盛时期尤其明显，国王的登基需要教皇的加冕，即世俗的政治权力，需要寻求宗教的神圣性根源。[14]在后来的宗教改革运动中，各民族国家逐渐脱离罗马天主教的控制，建立世俗政权，宗教信仰国教化，这可以看作是政治的世俗化的历史性开端。

但这里所要讨论的现代政治的世俗性，不是指某个历史事件，如英国国教的形成；也不是指政治家的行为，如政治的野心、对民众的冷漠、滥用职权等。我们所要讨论的，乃是整个现代政治的基本品格。通过这种品格，我们可以窥视现代人对世界本质的基本构想。

黑格尔认为，国家是从宗教产生的，并且过去、现在和未来都将如此。他的理由是，宗教和政治，有着最密切的联系，因为政治所要维护的"世俗性的个别"，必须在"神圣的存在"里才能获得其真实的存在。他说："这种联系可以进一步解释如次：——世俗的生存只是一时的——专事于各种特殊利益的，因此只是相对的，而且没有根据的生存。只有它的普遍的灵魂——它的原则绝对地获得根据，世俗的生存才获得根据，但是普遍的灵魂获得根据，除非它被承认为是'神的本质'的特殊性和有限的存在。因此，国家是

---

13 Charles Taylor: *Varieties of Religion Today: William James Revisited*, Harvard University Press, 2003, p.65.

14 这种世俗政权寻求神圣根据的做法，也存在于古代中国，如国王或皇帝叫做"天子"，即上帝的儿子，他的人间权力是上帝所赋予的。这种"天子"观，可以追溯到殷商时代。夏之前，古书中只有"鬼神"观念，而无"天帝"观念；夏商以后，乃有"天帝"观念。但殷商之际，"帝"与"鬼"也并未分判，殷人的先祖"鬼"，往往同时就是"帝"。到了周代，"天帝"才从"鬼神"中独立出来，不再强调天子与上帝之间的血缘关系，而是强调"天命靡常"，强调敬德、保民。周天子主要作为天命的代表者与行使者，从而为周政权的合法性找到神圣依据。后世的天子与上帝的关系，多徘徊在这种血缘关系与任命关系之间。

建筑在宗教上的。"[15]黑格尔进一步指出，有两种对宗教和国家的理解是愚蠢的。[16]其一就是担心宗教必将从国家内消灭，并因此为振兴宗教奔走呼号的做法。其二就是要脱离宗教的羁绊，来发明和实行各种政治宪法的做法。

而我们现代的政治理论，正是按照黑格尔所说的第二种方式所建立的。

在现代政治理论中，好的政治就是使人们尽量多地获得财富，并恰如其分地控制和释放欲望；它的目标锁定在此世，并极力证明，除了此世的目标之外，没有其他目的。现代政治的基本特征，正是要脱离与宗教的关系，放弃原来的宗教框架，以此世为一切政治理论的根基，它的目标是使此世的一切因素相互协调，彼此发挥作用，以谋得全体公民在此世的最大利益。"因此，属世性以及公开拒绝宗教生活观成为现代政治方案的理论出发点。"[17]

但是，这样做是危险的，因为脱离宗教的政治，便意味着世俗的个别存在脱离了其普遍的根据；这样一来，"政治的立法的各种原则和制度便缺少了一个真实的中心点，它们不得不滞留在抽象和无定之中。"[18]

而另一种做法，则是把原本属于宗教的抱负，寄托在了政治上。这样的政治实现不了它的承诺，即全民的道德的高尚和物质的富裕。虽然如此，现代人并不认为是现代政治的原则出了问题，而认为是具体的政治措施出了问题，"即使我们会不断地对这个或那个政治家、这个或那个政党失去信心，但我们对于政治进程中的潜力的信念基本上不动摇。进一步而言，我们对政治－社会变革的信心，乃是建立在被大大夸大的人类在世上并为了世界负有责任感之上的，并且已经在现代导致政治工具急剧膨胀。"[19]

现代人之所以会对政治抱有这么大的期待，即使在怀疑过一切政治形态之后，依然不会对政治本身失望，反映了现代人的信心，即人类能自主地控制世界。

有些激进的看法认为，现代社会一切皆政治，政治是唯一严肃的事情；一切哲学和宗教，只有具体化为政治行为才有意义。甚至于人类的自由和尊严，与政治相比，也不具有政治的优先性。这些世俗主义的理论，不但不承

15 黑格尔：《历史哲学》，王造时译，上海书店出版社 2001 年，第 51 页。

16 见黑格尔：《历史哲学》，王造时译，上海书店出版社 2001 年，第 52 页。

17 纪克之：《现代世界之道》，刘平、谢燕译，北京大学出版社 2010 年，第 50-51 页。

18 黑格尔：《历史哲学》，王造时译，上海书店出版社 2001 年，第 52 页。

19 纪克之：《现代世界之道》，刘平、谢燕译，北京大学出版社 2010 年，第 27 页。

认上帝的先验性，而且不承认自由和尊严这类概念的先验性。他们是地道的经验论者，"把诸如人类的自由和尊严的观念想象成在根源上最终属于社会，也就是说，这些价值观只有当我们决定通过社会和政治构建它们并实现它们时，它们才有可能存在。"[20]没有什么比政治更为重要，而政治秩序是由我们负责构建而成的，那么也就是说，我们可以这样，也可以那样，根据我们认为合适的方式自由地构建政治秩序。现代政治使得一切抱负都成了相对化的了，其原因就是我们的自信，使得我们按照各自的意愿构建世界。这就是现代政治的世俗化的结果。

在列奥·施特劳斯看来，现代哲学和政治都日益走火入魔了，那就是"拒绝了'古典政治哲学'的自我认识（'哲学只是认识世界，不是改造世界'），而狂妄地以为整个世界可以而且必须按照'哲学'来改造。"[21]这一方面导致了"哲学的政治化"，另一方面导致了"政治的哲学化"。"哲学的政治化"是指，哲学从一种私人性的纯粹知性追求，变成了一种公共政治的工具，变得从未有过的大众化和通俗化，从而便成了一种意识形态。"政治的哲学化"对我们理解现代政治的特征更加重要，它的意思是，以往的政治，如黑格尔所言，都是以道德、习俗和宗教为基础的；政治的合法性基础，乃正是这个民族的性格和宗教信仰；即政治的基础乃是民众的"意见"，这种意见是带有价值判断和道德关涉的；而且政治从来都只是政治家的事情。而现在，政治必须从哲学的学说出发，才能奠定自己的合法性基础，它要求的是理性化、知识化，而且是普世性的公共理性和价值中立的科学知识；现代政治的基础是中性的"知识"；而且，政治主要的是哲学家的事。

施特劳斯之所以说现代政治走火入魔了，他的意思正是政治日益哲学化了。"'哲学'就其本性而言就具有'癫狂性'（madness），这是因为哲学作为追求智慧的纯粹知性活动，必须要求无法无天的绝对自由，必须要求不受任何道德习俗所制约，不受任何法律宗教所控制，因此哲学就其本性而言是与政治社会不相容的：哲学为了维护自己的绝对自由，必然要嘲笑一切道德习俗、必然要怀疑和亵渎一切宗教和神圣，因此'哲学'作为一种纯粹的知

---

20 纪克之：《现代世界之道》，刘平、谢燕译，北京大学出版社 2010 年，第 65 页。

21 甘阳："政治哲人施特劳斯：古典保守主义政治哲学的复兴"，《自然权利与历史》中译本（生活·读书·新知三联书店 2003 年）导言，第 59 页。

性追求对于任何政治社会都必然是危险的、颠覆性的。"[22]即哲学作为一种纯粹的知性活动，所追求的乃是"知识"和"真理"，它首先要求的就是从习俗、道德和宗教的自然洞穴中脱离出来。但是正是这些习俗、道德和宗教的自然洞穴，才是政治的基础。任何政治社会的存在，都不能离开社会的这些"意见"，以及以这些"意见"为基础的社会认同和个体的自我认同。如果这些"意见"被"真理"所颠覆，则会导致政治社会的瓦解。

现代政治的病症就在这里。现代政治正是要以哲学式的普适性，取代政治的特殊性。尤其是现代自由主义，如罗尔斯在《正义论》中所设计的"原初立场"（the original position）和"无知之幕"（the veil of ignorance），就是这种要使政治脱离它真实的基础的做法。而整个自由主义的企图，就是把赤裸裸的人从他的真实生活中剥离出来，变成一个个原子式的、空无一物的东西。这在施特劳斯看来都是荒唐的。同理，查尔斯·泰勒与自由主义的论战，也是认为自由主义的这条光秃秃的道路是走不通的，每个人都有其特殊的生活背景，尤其是其道德和宗教背景。不考虑这些背景只能是自欺欺人。施特劳斯主张，政治应该放弃这种现代哲学式的狂妄，而回到清明和温良的日常生活中去。泰勒更进一步，不仅认为政治应该这样（社群主义），而且认为哲学也应该面对具体的道德背景和宗教信仰，纯粹的知性是无意义的。

按照列奥·施特劳斯的理解，"现代性的危机表现或者说存在于这样一宗事实中：现代西方人再也不知道他想要什么——他再也不相信自己能够知道什么是好的，什么是坏的；什么是对的，什么是错的。"[23]对于这种状况，施特劳斯指出，有一种通俗的想法，即认为这是一种世俗化的结果，即圣经信仰丧失了，萎缩了，人们以一种此世的理想，代替了《圣经》的彼岸理想，虽然这些此世理想中隐含着《圣经》的某些成分。但要澄清这些成分是不可能的。施特劳斯认为，将现代性理解为世俗化，还远远不够，因为世俗化仅仅以否定的方式告诉我们，《圣经》的信仰丧失了。他要发现一种肯定的蓝图，那就是挖掘现代性，尤其是现代政治的精神特质。这种现代特质不仅仅是反对耶路撒冷的，而且是反对雅典的，即现代政治是对整个古典哲学与《圣经》传统的拒斥。这个首当其冲的反叛者，就是马基雅维里。

---

22 甘阳："政治哲人施特劳斯：古典保守主义政治哲学的复兴"，《自然权利与历史》中译本（生活·读书·新知三联书店 2003 年）导言，第 61 页。

23 列奥·施特劳斯："现代性的三次浪潮"，载《现代性基本读本》，汪民安、陈永国、张云鹏主编，河南大学出版社 2005 年，第 157 页。

按照传统的观点，政治着眼的是人们应当如何生活，即借助一种臆想性的完善状态来理解政治事务，这些臆想出来的状态，包括从未出现过的共和国、君主国，其中最著名的就是上帝之国。这些理解的基础，乃是认为"一切自然存在者，至少是一切有生命的存在者，都指向一个终极目的、一个它们渴望的完善状态；对于一个特殊的自然本性（nature），都有一个特殊的完善状态归属之；特别地，也有人的完善状态，它是被人（作为理性的、社会的动物）的自然本性所规定的。"[24]这种自然本性提供标准，它独立于人的意志。人依其自然本性，在整体的秩序中占有自己的位置。这个位置的适度，即自然本性的适当运用，就是善。人类无法控制这个秩序，这个秩序往往是由最高的善所生成的，或由上帝所创造的。所以古典政治对于德性之实践，即人们应当如何生活，是具有指导性的；而最佳的政治秩序的建立，也是依赖于不可控制的、难以把握的命运、最高的善或上帝。

马基雅维里反对这种古典政治，他认为政治不应该关心人们应当如何生活，而应当把目光降下来，关心人们事实上是如何生活的。马基雅维里似乎对人性抱有更加悲观的态度，他认为如果人民败坏的话，是无法建立令人向往的秩序的。他对政治的新理解是，政治生活之正当性不再受制于道德性，政治不再与恩典、德性有关，而变成了细致精密的技术问题。

这种现代政治的去道德性，与现代的几种精神特质有关。其一，就是对目的因的拒绝，这摧毁了古典政治的理论基础。其二，是对知识的新的理解，现代知识观认为，科学知识必然是价值中立的，它不再关乎人的德性和宇宙秩序，尤其与神圣的宇宙秩序无关。其三，就是人类知性为自然立法，而不是相反。

这几种精神特质，尤其能说明我们这里所理解的现代社会的世俗性：对一切超验的道德源头的排斥，包括基督教的上帝和古典哲学的超善。这同时意味着对一切古典秩序的排斥，秩序不再是人类在其中可以找到位置，并因其位置的适度而成为善的东西，现代的秩序是某种人类可以控制和建立的东西。

马基雅维里指出了政治与"自然法"（nature law）或"自然正当"（nature right）的关系。而托马斯·霍布斯（Thomas Hobbes）则使得对自然法和自然

---

24 列奥·施特劳斯："现代性的三次浪潮"，载《现代性基本读本》，汪民安、陈永国、张云鹏主编，河南大学出版社 2005 年，第 159 页。

正当的理解发生了转变。在古代，所谓自然正当，指的是独立于人类的意志的正义（justice），而"霍布斯用自身保存（self-preservation）来理解自然法，而在他之前，自然法是借助于人的诸目的之等级秩序得到理解的。在这个目的等级中，自身保存所占据的位置是最低的。"[25]当自然法被理解为自身保存时，自然法便变成了"自然权利"，或者准确的说，是"人的权利"。而政治的目的就彻底变成了维护"人的权利"，这种权利首先是自身的保存和对舒适富裕的生活的追求。

第三节　公共领域的世俗化

现代社会，尤其是在大众的公共生活领域，随着超验的神圣秩序的丧失，公共生活的组织越来越专业化和理性化，越来越变得可以脱离开具体的生活语境。这都得益于一整套赢得大众信任的专家系统。这种专家系统是中性的，是知识，同时也是抽象的。但除了大众的私人生活，在公共事务中，尤其是在对待陌生人的公共事务中，只有依赖这一套抽象系统，大众的行为才能被组织在一起，才能在某个问题上达成共识。这种共识往往与道德无关，而是一种知识，即常识。如买票要排队，这件事情就不再是一个道德事件，而是一个文明问题。文明乃是教育的结果，更本质地说，乃是社会规训的结果。

为了更好地理解公共领域的世俗性，以及这种世俗性得以长久持存的原因，我们接下来分别考察几个重要的概念，即：脱域、信任和规训。

首先我们来考察"脱域"这个概念。

安东尼·吉登斯（Anthony Giddens）认为，脱域（disembedding）比"分化"（differetiation）或"功能专门化"更能把握现代社会的性质，因为它能更好地抓住时间和空间的转换组合。因为"分化带有功能的进步性的分离意向，因此，这一概念隐含一种观点：在前现代社会中以一种松散的形式组织起来的活动模式，随着现代性的出现，变得更为专门化，更为精确。"[26]吉登斯认为，要真正把握现代制度的本质和基本要素，这种专门化的理解是不够

---

25 列奥·施特劳斯："现代性的三次浪潮"，载《现代性基本读本》，汪民安、陈永国、张云鹏主编，河南大学出版社 2005 年，第 161 页。

26 吉登斯：《现代性与自我认同：现代晚期的自我与社会》，赵旭东、方文译，生活·读书·新知三联书店 1998 年，第 19 页。

的。对于现代制度，他更加强调的是这样一种状态：社会关系从具体的时空场景中"挖出来"（lifting out），并在一种无限的时空地带中再联结。这种社会关系脱离具体的时空而获得抽象联结的状态，吉登斯称之为"脱域"。吉登斯对脱域的定义是这样的："所谓脱域，我指的是社会关系从彼此互动的地域性关联中，从通过对不确定的时间的无限穿越而被重构的关联中'脱离出来'。"[27]吉登斯区分出了两种脱域机制的类型，第一种他称之为象征标志（symbolic tokens），另一种他称之为专家系统（expert system）。这两种脱域类型，共同构成了现代社会的"抽象系统"（abstract systems），它们的基本特质就是抽象。"所谓象征标志，我指的是相互交流的媒介，它能将信息传递开来，用不着考虑任何特定场景下处理这些信息的个人或团体的特殊品质。"[28]如货币，它是交换的媒介，具有标准价值，可以在多个不同的场景中相互交换。而所谓的专家系统，"指的是由技术成就和专业队伍所组成的体系，正是这些体系编织着我们生活于其中的物质与社会环境的博大范围。"[29]例如各种电器的运作系统。专家系统之所以也是一种脱域机制，是因为它也把社会关系从具体的情境中分离出来。如实验室里的实验，就可以是一种完全脱离具体情境的中性行为。所有的脱域机制，都具有一个共同的特质，即某种东西，可以完全从具体的情境中分离出来，并能保持自身的完整性。泰勒就是借用了脱域的这种特质，用以描述不同于古代的现代认同。

　　泰勒也是在相对于古代社会的现代现象的意义上，使用脱域概念。泰勒通过与古代宗教的对比来描述这种现代现象。古代的宗教行为均是集体行为，是在社会首领，如酋长、祭司长等带领下的全宗族、全部落的行为。此时还没有现代意义上的"自我的认同"。每个人都不是独立的个体，他们的思想和行为都先行地被他所在的社群的语境规定着，这个社群往往是等级制的，每个人都处在特定的位置，并从这个位置中获得生存的意义和权力。

　　而泰勒所谓的大脱域，是指在个体化的现代社会，宗教信仰等背景性元素逐渐私人化了，自我认同不再必然地束缚于一套先行的、不容挑选的、等级制的语境，而是个人可以从特定的生于斯长于斯的社会语境中脱离出来，自由地设想自己处于不同的语境下的情形；他可以自主选择愿意遵从的背景

27 吉登斯：《现代性的后果》，田禾译，译林出版社 2000 年，第 18 页。
28 吉登斯：《现代性的后果》，田禾译，译林出版社 2000 年，第 19 页。
29 吉登斯：《现代性的后果》，田禾译，译林出版社 2000 年，第 24 页。

框架，甚至能够在理性的基础上，根据推理能力，建构一套完整的框架。当然，他不可能抛弃所有的社会语境与道德框架。他必然处于某个框架中，只是他拥有了自主选择的自由。脱域概念对于理解个体何以能够摆脱传统的道德框架，尤其是宗教信仰的框架，具有重要的意义。

其次，我们来考察"信任"这个概念。现代社会的脱域之所以能够成立，因为它本质上依赖的是信任。

在现代社会，个体的人越来越生活在一个抽象化的系统之中。在古代，上一代人的经验，就是下一代人的生活方式。现代人更多的是以个体的孤立无助，面对着现代机器的庞大和陌生，在个体经验和抽象系统之间，发生着撕筋裂肉的分离。例如，即使我们对电梯的工作系统一无所知，我们也不得不乘坐它，否则爬上二十八楼去上班是不可能的；再如，即使飞速奔驰的磁悬浮列车是一个前所未闻的新事物，我们也会放心大胆地乘坐它，并坚信它会把我们带到要去的目的地。这就是现代社会的"信任"。信任与信仰不同的是所面对的对象。信仰的对象是神灵，而信任的对象是一套抽象的科学理论。我们对这样一套虽然不了解，却日渐支配着我们的生活的理论，怀有着复杂的态度，"在高度现代性的时代，对科学、技术以及对其他形式的、艰深的专门知识，普通人表现出的态度同样是混合型的，如崇敬和冷淡、赞同和焦虑、热情和厌恶等，而这类态度也表现在哲学家和社会分析家（自身也是某种专家之一）的著作中。"[30] 如果说由于知识的专门化而导致宏观的情感关怀和终极关怀日渐消失，现代的知识人越来越变得成了"没有心肝的专家和没有良知的专业人士"的话，普通人的日常生活，包括爱和恨、信仰和背叛，也不得不日渐受种种抽象系统的殖民。某些专业知识，民众是可以通过一种"社会想象"的方式接受下来的，但更多的时候，这些专业知识不得不像针管一样，硬生生地刺入了普通人的肌肤，并注射了一剂据说是安全的东西。

最后，我们来考察"规训"这个概念。

既然这些抽象的专家系统和我们的个体经验之间，就犹如盔甲和肉体的区别，但这个盔甲又是如何被肉体所信任的呢？个体经验为什么要接受抽象系统作为行为规范呢？显然并非由于我们的道德直觉和良知洞察，因为这些

---

30 吉登斯：《现代性与自我认同：现代晚期的自我与社会》，赵旭东、方文译，生活·读书·新知三联书店 1998 年，第 8 页。

抽象系统往往都是价值中立的。理由只有一个，我们是被"教育"这样做的。虽然我们不知道电梯的运行原理，但我们被告知，乘坐电梯是安全的。如果我们宣称说，是上帝为了让我们达到更高的善，而让电梯载着我们上上下下的，那我们就会被大大地教训一顿，因为这样是不"科学"的。我们管这样的一种被教育、被训斥回到正确的道路上去的方式，叫做"规训"（discipline）。

"规训"这个概念，在米歇尔·福柯（Michel Foucault）之后变得越来越著名了。规训可以有很多种，如宗教规训、教育规训、监狱规训、自我规训等。在现代社会中，规训的意义不再限于某个特殊的领域，它揭示着整个现代社会的制度组织方式，尤其是一种与道德无关的，以文明为目标的组织方式。正如福柯在《规训与惩罚》中所声称的，他的目的不仅仅是探讨现代监狱的形成史，而是"旨在论述关于现代灵魂与一种新的审判权力之间相互关系的历史，论述现行的科学－法律综合体的系谱。"[31]也就是说，福柯旨在把握现代社会中，权力阶层是通过什么方式，把普罗大众组织在一起的，是如何让普罗大众服从于某种组织原则的。规训大概具有以下几种特点：

第一，权力阶层宣布一种组织社会的纪律，这种纪律其实乃是一种等级安排，等级中的个人不是固定在一个地方的。"在规训中，各种因素是可互换的，因为各个因素都是由它在一种系列中所占据的位置，由它与其它因素的间隔所规定的。"[32]个人与其他人的关系是变动的，是可以互换的。规训中的个人不是整齐划一的芸芸众生，而是经过分类、解析和区分之后，各司其职的独立单位。

第二，规训的主要功能是通过训练，要把各种力量结合起来，从而增强他们和使用他们。"它要通过'训练'把大量混杂、无用、盲目流动的肉体和力量变成多样性的个别因素——小的独立细胞、有机的自治体、原生的连续统一体、结合性片段。"[33]

第三，实施规训的权力阶层绝对不是强权，它比强权更加隐蔽，但效力

31 福柯：《规训与惩罚：监狱的诞生》，刘北城、杨远婴译，生活·读书·新知三联书店 2003 年，第 24 页。
32 福柯：《规训与惩罚：监狱的诞生》，刘北城、杨远婴译，生活·读书·新知三联书店 2003 年，第 165 页。
33 福柯：《规训与惩罚：监狱的诞生》，刘北城、杨远婴译，生活·读书·新知三联书店 2003 年，第 193 页。

却更加持久。"这种权力不是那种因自己的淫威而自认为无所不能的得意洋洋的权力。这是一种谦恭而多疑的权力，是一种精心计算的、持久的运作机制。与君权的威严仪式或国家的重大机构相比，它的模式、程序都微不足道。然而，它们正在逐渐侵蚀那些重大形式，改变后者的机制，实施自己的程序。"[34]

第四，规训社会有一套健全的监视体系。现代社会的规训就像一个幽灵，时时刻刻监视着你的一举一动。现代建筑，不再建成宫殿一样的浮华以便用来欣赏，也不会建成城堡一样以便用来观察外面的世界。有些现代建筑其基本的功能，乃在于便于监视，就像监狱一样。例如讲台和阶梯教室，不但是为了让每一个学生看到授课教师，也是为了便于监视每一个学生的一举一动；学生宿舍沿着一条走廊一字排开，就像一个个的小囚室，这种筒子楼式的设计，也是为了便于楼管人员监视每一个房间；就连厕所的半截门，也是为了便于让管理人员看到学生的头和脚；布满校园的摄像头，到处走动的保安和管理人员，则更充满了监视的意味。学校其实在很大的程度上，是一个规训机构，大部分人的最重要的教育，是从这里接受的。工厂、军队、监狱、精神病院等的规训性质就更加明显了。

第五，大众如果不服从规训，就要接受惩罚。当然这种惩罚也不再是那种淫威式的、对肉体所施加的痛苦。与古代肉体的受难相比，现代社会的惩罚看起来更加温和，但却更加深入灵魂。它不再将惩罚作为一种公共展示，在广场上举行车裂和砍头仪式，而是作为对人的心灵的一种审视，让人感到不安，并受到体制内的文明人的非议。规训惩罚的目的不是为了压制，也不是将功补过，而是为了让人回到体制中去，"使之符合同一模式，使他们学会'服从、驯顺、学习与操练时专心致志，正确地履行职责和遵守各种纪律'。这样，他们就会变得大同小异，相差无几。"[35]

权力机构、组织原则、监视体系和惩罚系统，共同构成了规训的基本要素。在一个规训系统中，会有人负责制定规则，规定什么是对的，什么是错的；在具体的情形中，你会被告诉应该按照怎样的规范行事；你的一举一动会处在无所不在的监视之中，这种监视不仅来自权力阶层，而且来自于你身

---

34 福柯：《规训与惩罚：监狱的诞生》，刘北城、杨远婴译，生活·读书·新知三联书店 2003 年，第 193 页。

35 福柯：《规训与惩罚：监狱的诞生》，刘北城、杨远婴译，生活·读书·新知三联书店 2003 年，第 206 页。

边的每一个人和每一个建筑物；如果你违反了既定的规则，就会受到惩罚，这种惩罚有可能是肉体的折磨，也有可能是灵魂的谴责。所以在规训社会中，我们看不到还有哪一件最最微小的事情，会和上帝有关，同样也与道德无关，因为规训系统中的人关心的乃是"何为对，何为错"，而不是"何为善，何为恶"。这是一种泰勒所说的标准的"程序伦理学"，与善无关。

在考察了脱域、信任和规训这几个概念之后，对于现代公共领域的世俗性质，我们基本上有了了解。但接下来的问题是：这些世俗性质是如何建立起来的？泰勒在《世俗时代》中，回答了这个问题。

泰勒首先考察了"自然"是如何从"上帝"脱离出去，成为一个可以独立自存的事物的。泰勒指出，其实，早在宗教改革之前，就已经出现了两种新的精神动向，它们表达着对于作为自治的自然（nature as autonomous）的新兴趣，它们是：第一，我们所献身的上帝，是宇宙秩序的创造者，他把自己分散于微观秩序之中，常常作为奇迹显现出来；第二，一种更加关注此世的新福音，这种新福音将基督带入到了人们的日常生活之中，而不是相反。很显然，这两点可以很好地契合在一起，福音转向了人们当下的自然和社会环境，这是先前的福音所很少触及的。只要善加引导，人们便可以明白，上帝是如何已经内居于自然和人们中间了。[36]

在早期，虽然人们发生了对于自然的兴趣，但是泰勒认为，"对自然的新兴趣，并没有跳出宗教领域，一点也没有，它仅仅是宗教领域内部所发生的一种变异。这条通往现代世俗性的小路，并不是笔直向前的。相反，我这里想提供的，乃是一条曲折之路，其中充满了许多意想不到的后果。"[37]泰勒这里所谓的曲折之路，乃是在人们对自然这个概念日益感兴趣的同时，人们对于与自然相对立的另一个概念，即文明，发生了巨大的兴趣。而正是现代文明观念的建立，才使得现代公共领域的世俗性得以成立的。

泰勒认为，文艺复兴时期的"教养"（civility）观念，是我们现在的"文明"（civilization）观念的原型，并且这两者有着基本相同的内涵。"教养"或"文明"这件东西，是我们所特有的，而另一部分人，即野蛮人（savages），所不具备的，因为他们不够优秀，缺乏优雅的举止，缺少我们在生活中所看

---

36 See Charles Taylor: *A Secular Age*, The Belknap Press of Harvard University Press, 2007, p.94.

37 Charles Taylor: *A Secular Age*, The Belknap Press of Harvard University Press, 2007, p.95.

重的许多伟大成就。野蛮和文明的对立；就像丛林和城市的对立一样。文明基本上来讲，是城市所特有的气质。

"城市，一直以来，都被看作是人类得以过上最好最高尚的生活的地方。亚里士多德就曾清楚地指出，人类只有在城邦（polis）中，才可能达至其本性的完满。Civility 这个概念，与拉丁词 civitas 有关，civitas 这个词常用来翻译希腊词 polis，而 polis 的派生词在使用时，常常与这样一种感觉联系在一起，即：在 17 世纪，法国人常说'文明'是他们所具有的、而'野蛮人'所没有的东西"[38]

所以，文明所包含的意思乃是：理性的道德上的自我约束、良好的品味、礼貌的行为，以及优雅的举止等，一言以蔽之，即健全的教育和有教养的行为。文明一方面意味着艺术和科技的进步、教育的发达，另一方面，它也意味着成熟的政府的形成。文明的一个很重要的标志，便是规范的政治生活和行之有效的政府机构。人们必须被控制在正常的行为方式之内，遵纪守法，保持社会的和平稳定。一个文明的国家，必然是一个能维护国内持久和平的国家，而不是冲突、暴乱不断的国家。文明根本上来讲，是人类的自然状态经过教育，或者经过规训的结果。这种人类自我的重塑，对人类的自然状态来说，是一个挑战，有时候甚至是对人类本性的一种削弱。

第四节　个体领域的世俗化：道德秩序的重建

就道德问题而言，无论古代还是现代，人们都坚持在某种道德根源所建构的框架中来探讨意义问题，其不同仅在于对于框架的理解有所差异。但有一种反框架的道德自然主义倾向，认为道德无非是自然喜好的扭曲表达，其实它无非是肠胃反应一样的东西。自然主义者反对道德框架，其实质就是否认一切道德根源，将道德本体论的视界涂抹得一干二净。他们宣布意义问题是伪问题，而任何在某框架之内对于意义问题的回答，都是没有根据的幻想。所以在他们看来，任何框架的建构，就真的仅仅是一种人为的建构了。他们认为更加真实的状况，是无所建构。但对于这种无所凭靠、了无一物的空茫茫的人类处境，我们所能说出来的，除了空无一物之外，确实再也没有什么

---

38 Charles Taylor: *A Secular Age*, The Belknap Press of Harvard University Press, 2007, p.100.

了。其实它乃是众多建构中最无聊最没有信服力的一种。

事实上，任何否认框架的理论，如自然主义，都是在提倡一种更加令人费解的框架。人类的价值认同及自我表达，不可能是无语境的呓语。一整套光洁的空名词所打磨的体系，依然不是任何东西，不具备任何承担能力。框架是不可逃避的。"框架是我们赖以使得自己的生活在精神上有意义的东西。没有框架就是陷入了精神上无意义的生活。"[39]否定框架是白费力气的。

这种对本体论的沉默，一方面与近代认识论的强势评估有关，但另一方面，却是与现代道德观世俗化理解密切相关的，这种世俗化理解不但使得超验的道德源头消失了，而且也使得新的道德框架的建构变得困难，甚至不可能了。在现代社会，我们的责任是考察我们正在以什么样的框架为背景，更精确的说，是以什么为靠山，而可以如此地肆无忌惮。

在世俗化的问题域中，这个问题的实质就是，在否定了神圣秩序之后，在割除了上帝这个神圣的道德根源之后，我们还承认超验的道德根源吗？甚至于，我们还承认道德根源吗？

一、现代道德秩序的特征

泰勒曾将现代道德秩序的主要特征，大体归结如下：[40]

其一，脱离等级制的个体的人。现代道德秩序的理想，即所有人的互惠互利，最初来自于权利学说。这种学说起源于个体的人，社会是个体的人所建立起来的。现代社会的这种个人主义，反对先前占统治地位的等级制。在等级制中，个人仅仅是社会整体中的一个构件，他嵌入（embedded）社会整体之中，其本质是显示等级制的和谐。

其二，个体之间的互惠互利。政治、现代公共秩序等作为工具，使得个体的人之间的互惠互利成为可能。这种互惠互利包括安全的保证、生存资料的交换和种族的繁荣昌盛。等级制或其他形式的政治本身无好坏，各种差异都应该服从于人类互利这个终极目的。这里的人类互利，意思是作为自由的主体，人类的彼此服务，应集中在日常生活的需要上，而不是最高的德性。这是一种与崇高无关的道德图景。

---

39 查尔斯·泰勒：《自我的根源：现代认同的形成》，韩震等译，译林出版社 2001 年，第 24 页。

40 See Charles Taylor: *A Secular Age*, The Belknap Press of Harvard University Press, 2007, pp.169-171.

其三，自由。现代社会服务于个体的人，这里服务的涵义是保护个体的权利，尤其是指自由的权利。自由的重要性体现在，现代秩序的建立，是以自由的个体的同意为基础的。

泰勒认为，这里对自由的强调有些过头了，而且人类的互惠互利仅仅是被构想出来的理想。这种理想激励着那些要建立永久和平的人们，他们不断地改造社会，使之向这个目的靠近。这些人自视为是解脱式的、规训了的自由主体，可以改造他们的生活和社会秩序。这个自由的主体关注于他们的自我理解。对权利的强调，以及其中自由的重要性，不但反映了社会应为个体而存在的原则，而且反映了人类主体的意识，和人类主体在世界上的一般要求。现代道德秩序就是这种以个体的权利为中心，以自由为原则而建立起来的，它往往与上帝等超验者无关。

我们接下来对现代道德秩序进行更为详细的考察。

二、道德思维的三个轴心

泰勒说，一般来讲，人们可以从最普遍意义上的所谓道德思维中挑选出三个轴心来。

第一个轴心是关于尊严的一系列概念，如古希腊武士阶层在社会中所占据和追求的尊严感，我们可以称之为"荣誉伦理"。

第二个轴心是人们对怎样过完满的生活的理解，即什么样的生活是值得过的。这个轴心将涉及到从古代到现代社会的一个根本的变化，那就是神圣的道德秩序向世俗的道德秩序的转换。

第三个轴心强调的是理性对情感的控制，它本来是从柏拉图接手而来的，但在世俗时代却变得越来越工具理性化了。"它给予自由和自我控制以突出的地位，把避免遭受痛苦放在十分首要的位置上，并把生产活动和家庭生活看作幸福的核心。"[41]这种伦理观以同样的方式，来表达对他人的尊重和责任感。

在古代的，或许现在还有所延续的第一个道德轴心，即荣誉伦理中，武士或公民的公共生活被认为高于单纯献身于平静的艺术和经济福利的私人生活。为了公共生活中的荣誉，时刻准备着拿自己的平静、财富，甚至生命冒

---

41 查尔斯·泰勒：《自我的根源：现代认同的形成》，韩震等译，译林出版社 2001年，第 19 页。

险，这被认为是真正的男人的标志；而相反，不能使自己这样的人，则被蔑视为"女人气"。[42]这种荣誉伦理在中华人民共和国建立之初，曾占据着很长一段时期的主导地位。那时候，军人是人们最崇敬的职业，因为他们满怀着随时为公共安全献身的精神。尤其是在经历了多年战火所换取的安定的公共生活面前，这种精神显得更加令人景仰和推崇。许多女性择偶时，只要对方是军人，则不太会考虑其经济状况如何。侧重于经济的考虑，其实在90年代之后才日益占据主导地位。因为这之后，关于什么是真正的男人的标准，发生了转移。

第二个道德轴心，涉及到现代与古代某些重要的区别。在古代，什么样的生活是有意义的，这不是一个问题。因为总是有一套被大家所公认的，并得到深度论证的有意义的生活方式。有意义的生活的框架不但是牢固的，而且是清晰的。如柏拉图的存在等级、基督教的天启观念、儒家传统的天人合一等。但这些框架却都因现代世界的平凡性（或世俗性）而崩塌了。它们或失去了所有的可信性，或降低为个人的偏好，或虽然依然被坚持，却颇有争议，需要被再度论证。这些不同形态的框架的崩溃，其共同的要害是"神圣性的宇宙秩序的消散"。

所以，世俗化问题在道德哲学中的重要性，就是解释古代神圣的宇宙秩序是如何消失的，以及在这之后，人们为了寻求生活的意义，又是如何重构道德秩序的。世俗化作为具有核心重要性的精神转变，它同时有破坏旧世界和重构新世界的双重力量。在这种人人不可逃避的精神转变中，人类的自我意识是如何寻得生命的安定感和意义方向的，已经成为了一个极其迫切的问题。这不仅是一个再度寻求框架的过程，而且是一个建构框架的过程，即是人类的主体性的表达的过程。正是这种创造性的自我表达，使人们可以获得充分的活着的满足感；也正是这种表达，使得新的框架处在不断的边界更新和形态转换之中。

第三个道德轴心所揭示的伦理观，是从柏拉图接手而来的。这种伦理观认为有德性的生活是"有理性指导的，而理性本身是根据宇宙和灵魂中的秩序感加以界定的。"[43]这种理想的生活是通过理性对欲望的控制实现的；它意

42 查尔斯·泰勒：《自我的根源：现代认同的形成》，韩震等译，译林出版社 2001 年，第 28 页。

43 查尔斯·泰勒：《自我的根源：现代认同的形成》，韩震等译，译林出版社 2001

味着适度、秩序和永恒，而不是过度、混乱和无常。善良生活即对自我的控制。这种道德观念，具有某种高尚和超越的气质，在任何一种文明传统中，都不难找到其类似形态。如基督教的天命观念、宋明理学的天理观念等。但可惜的是，这些更具生命魅力的观念，却一再地需要少数具有先知气质的人物来呕心沥血地宣告和强调。大众一而再，再而三地将他们遗忘了；而每一次提醒，都会被大家要求"再证明一次"。这种天命气质的道德观在今天的中国虽然奄奄一息，但也不绝如缕。

理性的自我控制，在如今的世俗时代，尤其是在反基督教和柏拉图传统之后所确立的人本主义中，是以一种完全不同的形态出现的。这就是"解脱式的自我理想"，它"不仅能够把周围世界客体化，而且能够把他自己的情绪和个性、恐惧和压抑客体化，从而获得了某种距离和自制，使他能够'合理地'行动。"[44]这里的"合理地"，已不同于柏拉图，理性不再以宇宙的秩序感加以规定，也不像基督教所提示的那样，以上帝的诫命加以规定，而是根据一种人类自身的工具理性，或计算理性，追求效能和价值的最大化，以及自我的合程序性的前后一致。我们现在主要地处在这种道德观的引导之下，尤其是以市场为主导的现代生活，这种利益最大化几乎成了每个现代中国人所无法摆脱的魔咒。我们正生活在一个工具理性最为猖獗的时代。为公共生活的奉献，是以不损害个人利益为前提的。军人不再被那么尊崇了，我们现在崇奉的是"成功人士"，尤其是能成功营利的商人，赚钱越多的人，被认为越具有男人气概，越具有征服世界和女人的魅力。

现代人有一种将一切现象统一到某种简单的规律之下的愿望，这其实是一种自然科学式的狂妄自大和轻薄。泰勒曾指出过："在人文科学理论中，对于人类的生活和实践，有一种隐蔽的，但又十分常见而有影响力的野心，那就是要用自然科学的范式来研究人类现象。"[45]这种自然科学式的野心，在这个市场化的现代社会，实现起来似乎简单得多了。货币，这个一般等价物，可以作为一个普遍有效的尺度去丈量万事万物。任何不遵从货币法则的现象，在大家眼里看起来都是那么的异常和格格不入。人们宁愿兴高采烈

年，第28页。

44 查尔斯·泰勒：《自我的根源：现代认同的形成》，韩震等译，译林出版社 2001年，第30页。

45 Charles Taylor: *Philosophy and the Human Sciences: Philosophical Papers II*, Cambridge University Press, 1985, p.1.

地在这个尺度下过一种头脑简单的生活，也不再愿意去思考一些耗费心神的关于人生意义的终极问题。因为对这些问题过多的考虑是没有什么实际的用途的。

这种工具理性引导下的道德观念，其实比那种否认道德本体论的自然主义还要可怕，因为它似乎建立了一个坚不可摧的、逻辑上毫无差错的道德本体论。它具有更大的魅惑性，俘虏着大多数人的心灵。人们在这个框架之下已经可以无所畏惧了，因为一切合乎利益最大化的选择，都是最为合理的，是被公认的最佳选择。这种对利益最大化的追求，不再受天理或任何神圣性的事物的监视了；头上三尺没有了神灵，任何行为只要说得出任何一个理由，只要能自圆其说，都成了合理的。

泰勒指出这种工具理性式的道德观念，使得大众越来越把日常生活当成了唯一重要的事情。对日常生活的肯定，使得人们往往将生活中的具体的善当作了最高的善，并围绕着某一具体的善而安排生活的方式。

三、日常的善与超善

对传统的神圣秩序的反动，意味着对于无法经过理性和经验证明的超验者，保持绝对的沉默。在道德领域内的体现，则是对超验的、不在经验考察范围之内的超善（hypergoods）的沉默。这种沉默，其实是对道德根源（the moral sources）的否定（或未经分析的置换），只承认（或关注）具体的生活中的善。查尔斯·泰勒认为，离开超善，日常生活中普通的善是难以成立的。超善与日常的善相比，具有质的差异（qualitative distinction），它作为构成性的道德根源，是日常的善所无法回避的。而当代主流思潮对超善的回避，是建立在对特定的生活之善（自由、利他主义、普遍正义等）未经承认的信奉之上的，是一种不健康的行为。一方面，它来自于近代认识论的主流思路。泰勒认为，这种理由是无效的。另一方面，它来自于对日常生活和自由观念的肯定。泰勒同意这种肯定，但不同意由此而来的将日常的善与超善相对立的做法。在这种做法中，超善和日常的善之间的抵触是无法处理的；因为，在不否认超善的绝对的首要性的同时，又不牺牲普通的、"较低的"善，是几乎不可能的。所以，唯一的办法，就成了对超善的沉默，倾力关注行为的原则。这就将我们的日常生活，与道德的讨论之间，划开了界限。[46]从而，何

---

46 见查尔斯·泰勒：《自我的根源：现代认同的形成》第一编第四章"道德根源"，

为善，就成了一个纷争不已的问题。这种对超善的遮蔽，其结果是忽略了道德思维和经验的整体维度。这与世俗主义否认超验维度，将对世界意义的构建内在化息息相关。

吉登斯也认为，"在晚期现代性背景下，个人的无意义感，即那种觉得生活没有提供任何有价值的东西的感觉，成为根本性的心理问题。我们应该依据对日常生活所提供的道德问题的压制来理解这种现象，但它拒绝任何答案。'生存的孤立'并不是个体与他人的分离，而是与实践一种圆满惬意的存在经验所必须的道德源泉的分离。个体的反思规划创造了自我实现和自我把握的方案。但只要这些可能性被理解为主要是自我的现代性控制体系的拓展，那么它们就缺乏道德意味。"[47]

浪漫主义传统曾反对过工具理性所提倡的日常的善，并竭力保持对超验者的讨论，但由于其自身的先天特质，决定了这种讨论的无效。因为，浪漫主义对于超验者的理解，是将其等同于本性，而对本性理解的不一，必然注定对超善的理解是难以一致的。

而宗教内部的调整，如自然神学、新教信仰的个人化、清教主义在对日常生活的肯定之上，都努力保持对超验者上帝的信仰，使得众多日常的善在超善的统领之下，不相冲突。

泰勒清晰地感受到现代道德意识对一个明显的事实的层层压制，以致于现代人的道德生活出现了种种不适，为解除这些不适，人们又不得不做出本来不必要的、系统的，但似乎只能是隔靴搔痒的论证。这个被压制的明显的事实，就是在我们的道德生活和思维中具有不可动摇地位的超善。"在现代道德哲学中，有一种激动人心的系统化的倾向。"[48]包括功利主义和康德主义，都参与到这种系统化的倾向中，都试图围绕一种基本的理由组织所有的事物，由这个基本的理由出发，经过合理的推理，就可以获得一个道德体系，把我们的道德观念统一起来。对于功利主义来说，这个基本理由就是"最大多数人的最大幸福"，对于康德主义来说，则是"自由"。但泰勒指出，超善恰恰是不同于现代道德哲学的基本理由的东西，也不是体系化之后的东

韩震等译，译林出版社 2001 年。

47 吉登斯：《现代性与自我认同：现代晚期的自我与社会》，赵旭东、方文译，生活·读书·新知三联书店 1998 年，第 9 页。

48 查尔斯·泰勒：《自我的根源：现代认同的形成》，韩震等译，译林出版社 2001 年，第 114 页。

西。它不那么边界清晰，而恰恰是某种"模模糊糊所领悟的东西"。它不通过系统化的推理说服别人，而只能通过对善的描述来折服别人，既通过我的描述，使你的道德直觉对这个东西有所领悟。超善揭示不同于各种可论证的善的某种不可论证的、但却是具有最高和基本地位的善，这是一种从上而下的建筑术。它是不可再追问的，是人类之所以能思考善的问题的底线。它之所以不可再追问，是因为人类的一切思考都是以它为前提和背景的，它就是人类的生活处境自身。当然超善也要求承认，但不是在其他基础上建立的推理性的承认。一个推理可以是完全无误的，可以被他人承认，但他人完全可以在另一个基础上建立另一套完全无误的推理体系。关键是对基础的承认，而不是对过程的承认。超善就是由道德直觉所领悟的这个基础。它是先于表达的，直接引导我们的行为与感觉。

以超善为根源构成了道德的框架。道德框架既为我们的道德反应提供背景假设，也为这些反应提供获得意义的语境。"生活于这些框架中并非是可以任意选择的附加物，某种即使没有我们也许生活得同样好的东西，相反它们提供了对我们的认同来说是本质的方向。"[49]

自然主义曾对这种超善和道德框架的思想提出了挑战。自然主义有一种抱负，就是给道德论述一个完全干净的基础，它"力图让我们在所有产生意义的语境之外思考我们的道德反应，就像类似恶心的内脏反应一样。"[50]它力图找到一个无任何背景的、中性的世界，认为一切意义语境都是我们无意识地生活于其中的，它与理性的道德判断无关，即使有关，也往往是提供负面的干涉，是应该予以抛弃的东西。自然主义试图摆脱一切道德语境，想用一种绝对"描述"，来处理人类事务，也就是用超出人类本性的所谓科学的方式来理解人类。这其实是一个笑话。

另外，认识论的假定与自然主义一起，否定讨论超善的必要；对于所有的知识形式，包括人类事务，二者都倾向于认可自然科学的典范地位。像超善这类不可认识，不可论证的东西，就成了十分可疑之物了。这导致了"当代哲学的趋势是给道德以非常狭窄的关注。道德只被单纯设想为行为的向导。人们认为，它与其说关心怎样是善的，不如说只关心怎样做是正确

---

49 查尔斯·泰勒：《自我的根源：现代认同的形成》，韩震等译，译林出版社 2001 年，第 117 页。

50 查尔斯·泰勒：《自我的根源：现代认同的形成》，韩震等译，译林出版社 2001 年，第 117 页。

的。"[51]这种道德哲学是一种责任行为的哲学，它规定着我们获得有责任做的事情的标准或程序。功利主义与康德理论的各种变种，都属于这种哲学，它们关注行为，并提供这方面精确的回答。功利主义要计算出什么会使最大多数人获得最大的幸福；康德哲学要计算出当我把他人的时效权利当成我自己的来对待时，我会怎样选择；哈贝马斯（Jürgen Habermas）则要设定，所有的人都在理想的不受约束的交往条件下，一起深思熟虑，会同意什么样的规范。[52]

对超善的另一方面的排斥，来源于十七世纪形成的现代自由观念。现代自由观念强调主体的独立性，排斥家长式的、外在的权威干涉，每个人都是他自己幸福的决断者，他自己决定自己的目的。所以，以前的一切道德图景，如柏拉图的宇宙秩序，亚里士多德的善良生活，以及基督教的上帝诫命，都需要经过人类意志的重新估定。关于善以及善的讨论，必须是内在于人类意志的，而不能是外在的。而超善，在很大程度上，则被认作是外在于意志的，因为它先于意志，并无法在意志中得到合理的推理。

这一切都造成了对超善的怀疑，并试图在没有超善的情况下，建立进行道德思考的模式，它关心的其实不是什么是善的，而是怎么做是正确的。泰勒称这种伦理学为"程序性伦理学"（procedural ethics）。

四、超善是构成性的

超善是具有无与伦比的优异性的东西，它是各种行为与渴望之所以是善的依据，并推动我们趋向于善的行为。超善是生活中各种行为所依据的具体的善——如自由、利他主义、普遍正义等——的道德根源。它使得诸善之所以为善。所以泰勒称之为"构成性的善"（constitutive good）。只有拥有对构成性的善的意识，才会超出责任性行为道德，即程序伦理的视野。

由于现代哲学在人类意识内部讨论善，认为根本没外在于我们的超验的善，所以犹太教－基督教的上帝，原本在其道德体系中的构成性的地位，就被否定掉了。但泰勒指出，虽然这种现代的内在人本主义拒绝承认超验的善，但它们自身却一直受着这种善的激励，某种类似的东西起着超善的作用。

---

51 查尔斯·泰勒：《自我的根源：现代认同的形成》，韩震等译，译林出版社 2001年，第118页。

52 见查尔斯·泰勒：《自我的根源：现代认同的形成》，韩震等译，译林出版社 2001年，第119页。

如康德哲学中，善是完全内在的，但却"存在着某种东西，对它的沉思命令我们尊重，尊重又转而强化它。"[53]而充当这个角色的，都起着道德根源的作用。

在我们与众多的善的关联中，我们会对这些善排序，以便区分出一个最高的善来。当然，在内在的深度中，某个善虽然被赋予了在各种善中的最高地位，但几经不再是超验的了，所以我们不再称之为"超善"。内在深度的转向必然取消超善。超善必须是超验的，"在这个善和其他的善之间存在着性质上的间断；它无与伦比地超越于它们，以甚至更加惊人的样式，与缺少它们的生活相比，它们被认为有无与伦比的价值。"[54]超善对于我们的道德图景，具有提纲挈领的统领作用，使得众多的善在它的带领下各司其职，从而避免彼此之间的冲突。我们总是竭力避免这种冲突的，否则我们就无法前后连贯地继续我们的生活。"这种善不仅是比其他的善有更加无与伦比的重要性，而且提供了据此必须对它们进行估量、判断和决定的立场。"[55]如一个基督徒，必然是把上帝的诫命作为最高的善。如果这个基督徒同时也关心社会正义的问题，那么，社会的正义必然是不违背基督教诫命的正义，或者说，是以基督教教义为首要解释原则的正义。当其他的善看起来似乎与超善相冲突时，我们总会设法打通两者之间的差异，找到一个有说服力的优先原则。这一点在认信基督教的中国人身上有比较明显的体现，不论这个中国人在信奉基督教之前，是尊奉的儒家伦理，还是性征模糊的大众传统，——一般来说，我们现在多尊奉这些性征模糊的大众传统，它一方面有儒释道等各家伦理的混杂，另一方面，尤其是现在，更多的是市场经济背景下的等价交换原则，即工具理性的原则。——他都会对这些伦理做出一定的甄选，或者抛弃之，或者整合之。所以他会说他获得了新生命，在这个新生命中，各种善各安其命，并永远听从于超善，即上帝的诫命的监察和评估。而对于西方基督教传统，原本是受这种善统领，现在又不愿意尊奉上帝的诫命为最高的善的过程，则是一个与上面的描述相反的过程，旧的秩序崩溃了，而新的秩

---

53 查尔斯·泰勒：《自我的根源：现代认同的形成》，韩震等译，译林出版社 2001年，第 142 页。

54 查尔斯·泰勒：《自我的根源：现代认同的形成》，韩震等译，译林出版社 2001年，第 94 页。

55 查尔斯·泰勒：《自我的根源：现代认同的形成》，韩震等译，译林出版社 2001年，第 95 页。

序有待建立，或一次又一次地被拆毁重建。如普遍平等的原则，它是在现代早期否定等级制的历史过程中得以界定的，但它如果要作为超善，就不免会发生争议。因为它要作为一个标准，似乎还不够。以它为超善，本来就是一种不自觉的历史主义下所滋生的相对主义。而这种历史主义也正是基督教伦理的最大挑战，因为作为超善的上帝，被理解成了可以被各种超善所取代的历史产物。从而，上帝被取消或取代是历史的必然。这无疑又是一种自然科学式的幻想，好像道德的超善是可以先被认识，后被选择的，是有规律地发展着的。其实，关键不是道德会遵循何种规律，而是何种道德对我们是有效的。

五、超善的变迁

超善虽然在自我认同的道德框架中具有决定性的作用，即它决定道德框架的序列，但一旦具体地考察人类的精神历史，就不免发现，超善也似乎是在不断地变迁之中的。不同的意识形态提供了不同的对超善的理解。如柏拉图主义代替了由荷马激发的荣誉伦理，犹太－基督教的宗教启示代替了偶像崇拜。而这后来的两者，似乎又在现代的日常生活伦理学的审视下岌岌可危。如果超善是在不断的变迁中的，那么，如何保证我们对善的理解是可靠的呢？它会不会在第二天就变得过时了呢？这是一个必须考虑的问题。

泰勒指出，在面对超善的变迁（或对超善的否定）所带来的不安时，大体有两种态度："第一种是以彻底的一致性，贯穿自始至终，完全否定对妨碍超善的任何善的信任。"[56]其二，是"肯定所有的善"[57]。第一种是困难的，毋宁说它仅仅是一种美好的愿望或一厢情愿的坚持。但这种坚持，不可否认地必然会引发高尚的情操，以及英勇献身的大无畏精神。而第二种，如果不产生混乱，就必须保证各种善能和谐共处，各有各的位置。这意味着所有的善不可能是平等的、同等重要的，它们必须被安置在一个序列中，并最终从中推举出一个最高的善。这也是现代伦理学的难题之一，因为我们现在给自己创造了太多的善，并且往往都是由不同的原则所推导出来的，它们实施起来往往困难重重。所以，在否认超善的前提下，这种要将各种善综合起

---

56 查尔斯·泰勒：《自我的根源：现代认同的形成》，韩震等译，译林出版社 2001
年，第 98 页。

57 查尔斯·泰勒：《自我的根源：现代认同的形成》，韩震等译，译林出版社 2001
年，第 98 页。

来的企图，也要么是一种美好的幼稚的愿望，要么就是一种有意的欺骗。所以第一种态度看起来似乎更加可爱一些，因为它承认超善。

所谓超善的变迁，其实是指超善在认识论上是不确定的。这种认识论上的不确定性，将导致对超善的怀疑，其原因有两个：

其一，相对于先前的超善，后来的超善必然调整善的序列，我们根据这个新的图景来调整自我认识，从而产生一种相对于被替代物无与伦比的自大和骄傲，并确信人类处在不断的进步之中。所以，先前的超善作为不合时宜的东西被永久抛弃了。而紧接着的一个坏的结果则可能是，对现在所依据的（所谓的）超善产生不信任，因为不知道它还会被谁取代。所以完整的图景破碎了，模糊了，不再可信了，自我认识陷入了一团朦胧的、越使劲越危险的无能为力中。于是，道德怀疑论出现了，紧接着，道德自然主义也站了起来，声称世界不过是中性的，一切道德原理无非是人的投射罢了；所以一切自然的欲望都是合理的，虚无主义也就不远了。对先前的超善的坚持，需要大无畏的献身精神。

这个困境之所以出现，其实根源于认识论的强势。它假设超善是可以先被认识的，然后再根据其认识界定道德的图景。其实事情恰恰相反，是先有了某种道德的直觉，才有了各种不同的认识方式。不正确的前提，才引导出了不正确的、否定性的后果。"标准"，或"尺度"，不是先行设定好的，而是总在被揭示中的。

其二，促成对超善的怀疑的，是某些对超善纯粹概念式的设定，"这些超善常把本质的关联放在超越人类生活的存在或实在上，如柏拉图放在善的理念上，有神论的观念放在上帝上，而某些浪漫主义派生的观念放在作为伟大源泉的自然上。"[58]关于这一点，我们通过黑格尔的揭示可以看得更加清楚，没有脱离实在的概念，一切与实在无关的概念都不过是毫无意义空的广阔，虽然它同时也是一种空的深邃，"它表现为单纯的力量而没有广延，这种无实体的深度其实与肤浅是同一回事。"[59]脱离了人类生活的实在，对上帝的信仰，毋宁说是虔诚，不如说是自大与狂妄，因为它以自己的武断加之于上帝，并蔑视上帝真正的诚命。而所谓浪漫主义式的自然，更是一种假想，

---

58 查尔斯·泰勒：《自我的根源：现代认同的形成》，韩震等译，译林出版社 2001 年，第 109 页。

59 黑格尔：《精神现象学》（上卷），贺麟、王玖兴译，商务印书馆 1979 年，第 6 页。

所有声称是赤裸裸的自然，都是欺骗性的娼妓，因为任何人都可以对它加上任何东西。脱离概念的自然，与脱离实在的概念一样，同出于一个原则，都是空洞的，或具有欺骗性质的。我们所被给予的自然，永远是披着这种或那种观念的自然，就像人的骨骼总是披着皮肉一样。

所以，这一类被设定的超善，通过理性的辩证，往往会发现它们的不可靠。

但是，承认上帝或超善，与这种对超善的设定完全是两码事。因为"什么也不能先验地阻止我们把上帝或至善看作是人类道德世界的最佳论证的本质性的东西。"[60]所谓"最佳论证"（best account），是指与其他论证方式及其所指导的生活原则相比，有一种是最高尚的；而我们最强劲的直觉会倾向于选择这种高尚的方式，因为它正是在我们采用它的过程中才真正揭示（或诞生）出来的。而这种方式一旦被我们的先辈们所选择，它们就会真正地获得指导力量和至上地位，并塑造着我们。

这与对第一种原因的分析是相类似的，不是先认清了或设定了超善，才有了道德认识，而是在道德认识的过程中，超善才被日渐揭示出来。但它是先前就已经站在那里了的，这一点是不变的。不论它有没有被认清，它都是我们道德直觉的凭仗。

六、善需要表达

善，尤其是超善，只有通过表达才对我们来说是存在的。如果没有《圣经》、神学及宗教文献的述说，信仰上帝对我们来说是不可能的。当然，表达也是在变化中的。不同文化中对善的不同理解，也往往是由于所使用的语言，即表达的不同所引起的。

没有表达出来的善，即仅仅在意识中获得普遍性的善，只能是一种空洞的善。善要表达出来，这种表达，现实地讲，就是外在的人类社会，是个别的主体所生活于其中的民族精神。也就是说，普遍性只有在具体的现实中，才是真实的，否则就是空洞的。查尔斯·泰勒在评价黑格尔时，曾这样说过："诚然，道德的基础是人们按照普遍公理行动，换言之，按照精神行动，那个精神是我们的真正本质，是普遍（并因此我们把康德和亚里士多德统一了

---

60 查尔斯·泰勒：《自我的根源：现代认同的形成》，韩震等译，译林出版社 2001年，第 110 页。

起来）。但是如果说我们抽象地理解这一点，那么我们便具有了一个空洞的标准。在这个抽象中，理性仅仅被看做对形式的具有，仅仅处于某种思维方式之中，于是每一事物都可以得到证明，每一个公理都可以被普遍化。只有当我们把理性看做需要某个本体论，需要某个外在现实，某种人类社会现实的时候，尤其是需要表现在政治制度中的普遍法则的要求的时候，我们就能为实践理性提供一个内容。"[61]

有道德的人，就是在人类社会的现实中，按照他的社会责任行动的人。换句话说，道德的人不是自我设定善的人，而是遵守某种外在的、超验性的善的人。"所以最终，真正的道德人是不希望纯粹从他自己的内在意识来给予自己以自己的法则的人，而是相反，他感到有一种来自他的社会的责任。千方百计地纯粹按照人的理性行事，也就是没有标准地行事，因此是野蛮地行事。"[62]古希腊是包括黑格尔在内的众多哲学家们所想往的理想社会，因为在那里，个人的道德完满是在社会生活中实现出来的。"这个社会的特点在于公民和社会之间的完美统一。公民的最完美的道德和精神愿望在社会的公共生活中得到了表现。"[63]当然，这种早期的统一必然走向解体，个体必须产生出来，寻求更高阶段的统一。那种个体产生出来，不再寻求与社会的统一的观念，就是现代的道德原子主义。

---

61 查尔斯·泰勒：《黑格尔》，张国清、朱进东译，译林出版社 2002 年，第 259 页。
62 查尔斯·泰勒：《黑格尔》，张国清、朱进东译，译林出版社 2002 年，第 259 页。
63 查尔斯·泰勒：《黑格尔》，张国清、朱进东译，译林出版社 2002 年，第 262 页。

第六章　自我认同及其危机

如前文所述，我们现代的道德哲学，有以下几个特点：首先，我们不愿意讨论善的本体论问题。也就是泰勒所说的，现代的道德哲学，普遍存在着一种"对道德本体论的集体压制"，"对那些遵循由现代自然科学的成功所激发的经验主义或理性主义知识论的人来说，所有这类叙述都失去了意义。"[1]当然，在这里无需再辩驳，在这种认识论的狭隘视野下，抓住的仅仅是谬误的乌云，而不是真理的青天。其次，代替善的本体论的，是一种道德的自然主义。善就像是我们的本能，"如同我们喜爱甜食，厌恶令人恶心的东西，或害怕从高空坠落。"[2]当然，这个替代品因其过于肤浅和幼稚，也不值得一驳。第三，我们倾向于规定怎样做是正确的，而不是关注什么是善本身。它关心的与其说是善，不如说是行为的准则。这一特点尤其鲜明地反映在工具理性牢牢掌控着的市场经济中。而市场经济中工具理性的算计原则，已经日益被推广到了日常生活的各个角落。

泰勒说："我们的现代自我感不仅与对善的新理解相联系，并可能由后者所形成，"[3]所以，自我的理解与对善的理解有着密切的关系。可以说，对善的理解，是现代自我认同得以形成的前提。但现代道德哲学的这些特点，使得讨论超善变得不可能了，随之而来的是道德框架的消失。这意味着自我

---

1 查尔斯·泰勒：《自我的根源：现代认同的形成》，韩震等译，译林出版社 2001 年，第 7 页。

2 查尔斯·泰勒：《自我的根源：现代认同的形成》，韩震等译，译林出版社 2001 年，第 6 页。

3 查尔斯·泰勒：《自我的根源：现代认同的形成》，韩震等译，译林出版社 2001 年，第 159 页。

认同的危机终于出现了。

吉登斯也曾经描述过现代社会的认同危机，他也将这种认同危机与对道德根源的分离联系起来。这一点与查尔斯·泰勒通过考察自我认同来考察现代性问题的进路，是不谋而合的。吉登斯说："在晚期现代性的背景下，个人的无意义感，即那种觉得生活没有提供任何有价值的东西的感觉，成为根本性的心理问题。我们应该依据对日常生活所提出的道德问题的压制来理解这种现象，但它拒绝任何答案。'生存的孤立'并不是个体与他人的分离，而是与实践一种完满惬意的存在经验所必须的道德源泉的分离。个体的反思规划创造了自我实现和自我把握的方案。但只要这些可能性被理解为主要是自我的现代性控制体系的拓展，那么它们就缺乏道德意味。"[4]这个现代自我感的虚无化，有几方面的原因：其一，现代自我是反思性的自我，它主要接受的是一套抽象系统的影响，并要求理性对这个抽象系统有绝对的控制权，内在参照系统之外的东西，如信仰和传统，发挥的作用越来越少。其二，在这套反思性的抽象系统中，是没有道德根源（如上帝）的地位的，而且，这个内在系统所构造的道德根源也都是不可靠的。其三，现代人对日常生活的肯定，尤其是对世俗幸福的追求，是道德根源受到压制的一个重要原因。

第一节　何谓自我认同

英文的 identity，其一层意思是"认同"，即某一主体将自己置于某一安身立命之处，认为自己与处于这个地方的其他人有着共同的持守，从而获得一种"身份"；另一层意思是"同一"，即有某种东西，可以将众人统一到一起。所以，认同就是自我意识的同一性，甚至就是自我意识本身。这种自我意识不是无人格的、纯粹反思性的"我思故我在"式的自我，这种反思性的自我除了一束绵延着的思绪之外，什么也不是。这里的自我，就是一切实在，在自我的意识之内，已经先天地同一着整个对人类历史的理解和继承。

吉登斯在谈到什么是自我认同的确切含义时，说到："自我是某种紊乱

---

4 吉登斯：《现代性与自我认同：现代晚期的自我与社会》，赵旭东、方文译，生活·读书·新知三联书店 1998 年，第 9 页。

的现象，因此自我认同不能仅仅指涉其在时间上的某种持续性，哲学家常借用这种持续性来讨论客体或事物的'识别'。与作为一般现象的自我相反，自我认同假定了反思性知觉的存在。或者说，就是在'自我意识'这个术语的意义上，个体具有意识。换言之，自我认同并不仅仅是被给定的，即作为个体动作系统的连续性的结果，而是在个体的反思活动中必须被惯例性地创造和维系的某种东西。"[5]吉登斯这里对自我认同的定义，有两点值得注意。第一，自我不是被给定的，它不是个体记忆或动作的连续性的结果；第二，自我具有反思能力，这种反思能力使得自我认同成为了一个哲学问题。所以自我认同的问题，从根本上讲不是心理学问题，不是人格形成的问题，而是一个关于自我意识，尤其是现代自我意识的哲学问题。这种反思性的自我意识，往往有将自我抽离出来，使之脱离具体的历史语境的倾向。

将自我概念从它的历史语境中抽出是不可能的，也是没有意义的，否则它就是空无一物的。而空无一物是无法言说，也是不必言说的。这显然是不允许的，自我不可能是空洞的，而且自我必须是可言说的。我们必须追问自我的背景，它是"无法逃避的框架"。而这里的框架，在根本上讲，就是道德框架，即对善的理解和阐释。自我认同与对善的理解，尤其是对超善的理解，是密切相连的。对超善的消解，以及诸善的冲突，必然出现自我理解的多元化，甚至自我认同的危机。

第二节　自我认同的危机

泰勒认为，自我认同的形成，首先要回答的两个问题是：一、（在道德地形图中）我在哪里？二、我面对谁说话？即，"通过对我从何处和向谁说话的规定，提供着对我是谁这个问题的回答。因此，某个人的认同的全面定义，通常不仅与他的道德和精神事务的立场有关，而且也与确定的社团有某种关系。"[6]这两个问题在世俗化和多元化的现代社会中，变得越来越难以回答了。首先，人们原有的道德和精神事务的立场被破坏了，而新的立场还在持续的变动当中。其次，与他人的关系，也越来越变得不是那么清晰了，甚至，由

5　吉登斯：《现代性与自我认同：现代晚期的自我与社会》，赵旭东、方文译，生活・读书・新知三联书店 1998 年，第 57-58 页。

6　查尔斯・泰勒：《自我的根源：现代认同的形成》，韩震等译，译林出版社 2001年，第 51 页。

于立场问题，与他人的对话也变得不那么容易了。所以，从根本上讲，认同是一个现代概念，是现代思维随着对于善的理解的变迁，而作出的对于我是谁的新回答，是现代自我意识确立的过程。

在古代社会，认同根本就不是一个问题，人们对于"我是谁？""我在哪里？"以及"如何生活才是有意义的？"这一类问题的回答是明确的。因为，自我天然地与上帝相关联，天然地处在某种神圣秩序之中，有自己确切的位置。[7]人们很清楚自己是谁，应遵循哪些道德准则，应该为谁负责。所以，在古代讨论认同危机是不可能的，因为，"那时候，我们的存在困境首先是由对罪责的恐惧定义的，在那儿不受挑战的框架成为我们的绝对命令，人们把他们的框架看作是与真正的宇宙结构具有同样的本体论的坚固性。"[8]

而在现代社会，尤其是随着西方基督教社会的世俗化，自我认同便成了一个问题。[9]人们常常不太确定自己是谁（不仅仅是一个名字的回答），不太清楚自己应遵循什么样的道德图景，从而也就迷惑于如何度过此生才是有意义的。这就是我们所谓的认同危机。查尔斯·泰勒在描述这种认同危机时，这样说，认同危机的处境，是"一种严重的无方向感的形式，人们常用不知他们是谁来表达它，但也可以被看作是对他们站在何处的极端的不确定性。他们缺乏这样的框架或视界，在其中事物可获得稳定意义，在其中某些生活的可能性可被看作是好的或有意义的，而另一些则是坏的或浅薄

---

7 这种神圣秩序，中国和西方是不同的。鉴于这里讨论的是基督教传统下的世俗化问题，所以，这里所说的神圣秩序，也仅仅是指基督教传统下是神义秩序。

8 查尔斯·泰勒：《自我的根源：现代认同的形成》，韩震等译，译林出版社 2001年，第 36 页。

9 在中国，关于自我认同的问题，恐怕就要在另一个层面上考虑了。从空间上讲，中国乡村是熟人社会，周围的环境和礼俗都是生而俱来的，不存在自我认同的困境。从时间上讲，在乡村中，一代一代都过着极其相似的"日子"，上一代的经验就是下一代的生活，不存在价值变动的问题。但是，随着当代中国的城镇化，以及农村人口向城市的流动，自我认同就成为了一个明显的问题。首先是身份的认同，然后是价值的认同。乡村的，具有中国传统儒家特色的礼俗，在现代都市中失去了价值权威。都市是一个陌生人组成的群体，不是一个礼俗社会，而是一个法理社会。（见费孝通：《乡土中国》，北京出版社 2004 年。）这里更能体现出价值的多元对立、现代社会的快节奏和生活的碎片化。其实，所谓的认同危机，在当代的中国，主要发生在城市文明中。而所谓的"世俗化"问题，也只有在城市中占有很小的领域。而且，这个领域不是原来就在中国土生土长的，而是作为一种现代性的后果被带进来的。

的。"[10]这是一种痛苦和可怕的经验。

某些东西不能被丢掉，这些东西是人类的本质所内在呼求着的。这就是对秩序的依赖。秩序——不论是神圣秩序，还是世俗秩序——是回答"我是谁"的基础。

笼统地讲，在前现代社会形态下，社会秩序往往同时也是一种道德秩序，它是与宇宙秩序相对应的，而宇宙秩序不是现代天文学意义上的星空，而是上帝意志的体现。所以，古代的社会秩序，同时就是上帝的诫命。贝格尔这样说："在人类大部分历史中，人们都相信社会的被造秩序，都以这种或那种方式与宇宙潜在的秩序相对应，宇宙的潜在秩序即一种神圣的秩序，支持并说明人进行秩序化的一切努力。"[11]

但是在现代社会，尤其是在世俗化的视野之内，人们对秩序的理解就大大不同于古代了。社会秩序不再与道德秩序相关，更是与宇宙或上帝的意志毫无瓜葛。社会秩序也好，道德秩序也好，都可以在理性的统治下，经过一套无错误的程序性的设计，而获得其合法性。它们自成系统，明文规定，与任何多余的神秘因素都断绝了关系。

虽然现代人对秩序的理解看起来不再与超验者有关，但是现代人却也不可能摆脱对秩序的依赖。贝格尔曾指出："人的一个基本特征，是人对秩序的渴求，这个特征对理解人的宗教活动至关重要。"[12]与其说人对秩序有着渴求，不如说，人的本性的界定离不开秩序，就如前面所看到的，没有背景的人、孤零零的点状的自我，是没有任何规定性的空洞。现实地讲，人的本性就是在秩序中得以规定和实现的。"任何历史上的社会都是一种秩序，一种面对混乱而建立起来的意义的保护结构。群体的生命与个体的生命在这个秩序之内才有意义。丧失了这个秩序，群体和个体都会遭到最基本的恐怖，即混乱的恐怖的威胁，涂尔干称这种混乱为无序（anomie）。"[13]anomie 又可译

---

10 查尔斯·泰勒：《自我的根源：现代认同的形成》，韩震等译，译林出版社 2001年，第 37 页。

11 彼得·贝格尔：《天使的传言：现代社会与超自然再发现》，高师宁译，何光沪校，中国人民大学出版社 2003 年，第 64 页。

12 彼得·贝格尔：《天使的传言：现代社会与超自然再发现》，高师宁译，何光沪校，中国人民大学出版社 2003 年，第 64 页；这一类观点尤见彼得·贝格尔：《神圣的帷幕：宗教社会学理论之要素》第 1-2 章，高师宁译，何光沪校，上海人民出版社 1991 年。

13 彼得·贝格尔：《天使的传言：现代社会与超自然再发现》，高师宁译，何光沪校，

为"失范"，即人类在一种混乱的背景下无法获得行为规范，不知道什么是对的，什么是错的，从而失去了行为能力。但细细考究起来，人类的"失范"，更准确地讲是失去了传统的、一直以来的行为规范，因为彻底的失范是不可能的，人类总是以这种或那种方式行动着，这说明他行为的背后，依然坚信着某种价值，只是人与人之间的价值不再同一了，从而看起来是混乱的。这也是现代人的精神状况的一种描述方式，失范反映出的，正是人们对秩序的理解的多元化。

但人们依然信仰或依赖于某种秩序，这种本质的依赖关系并为改变。"这便是人类对秩序本身的信仰，这种信仰与人对实在的基本信赖有密切的关系。"[14]这个实在必然最终是有秩序的。虽然对这个实在的有序性无法通过经验方法来证明，但贝格尔认为，肯定它本身就是一种信仰行为。

现代文化削弱或打垮了传统的神圣秩序，古老的视界被摒弃了。甚至自然主义者认为一切秩序都是虚构的，而提倡一种随心所欲、自然而然的生活方式，即无道德图景的生活方式。但这种自然主义和道德无对错的还原论观点，如前所述，除了一些不可能的主张，等于什么也没说。因为正是那被强势赋予的视界，即秩序，构成着人类的特质，走出这些限制，就等于走出人类人格的完整性；不是人类决定了要不要他所处的历史背景和道德评估，而是历史背景和道德评估先天地决定着人类人格，即自我意识的形成。秩序是无法逃避的，我们应该谦虚而真诚地接受这个事实。

现代文化不是不建立秩序，因为无秩序就是无视界，就是无背景，这是不可能的。而是它建立了众多不统一的秩序，给了一个乱糟糟的背景，在这个背景中，没有一个最高的具有魅力和威慑力的声音，任何他人的声音听起来都那么没有说服力，甚至有时很可笑。人们只能听到自己的声音，并且以之为是，各自为战。这种从传统框架中，即从一切规定性中解脱出来的自我，对人生意义的寻求，发生了一种关键性的转变，即转向自我的内在深度。当各种内在的力量和谐共处时，我便认为那是一种值得信赖、可以听从的状态。而当彼此冲突时，则不能确定孰是孰非。所以内在的冲突是自我所竭力克服的。

<hr>

中国人民大学出版社 2003 年，第 64 页。

14 彼得·贝格尔：《天使的传言：现代社会与超自然再发现》，高师宁译，何光沪校，中国人民大学出版社 2003 年，第 64 页。

这种向自我的内在深度的转向，是造成现代道德图景混乱的根本原因，是现代认同的真正危机所在。我们需要做的，就是挖出这个根本，使问题可以在一个真正实质的层面上得到清晰的讨论。这种内在转向，必然的结果是否定最高的善的超验地位。而框架之所以是一个有意义的框架，自我之所以在框架中获得方向，都得益于这个超善的指引。"为了使我们的生活有最低限度的意义，为了拥有认同，我们需要向善的方向，它指的是性质差别和无与伦比的某种含义。"[15]这种具有质的优越（性质差别）和无与伦比的重要性的东西，就是超善。

现代人虽然对生活的意义的理解参差不齐，但它们却都一致地包含着对意义的渴望。这种对意义和实质性的渴望，是"与长期存在的对达到高级存在，达到永恒的渴望有明显的密切关系"的。[16]这种人类对完美的渴望，泰勒将其归为两类，其一是古代常有的形态，即"把人的生活与某种更高的实在或传奇联系起来"。[17]在犹太—基督教传统中，就是与上帝联系起来。其二是较为现代的形态，即"把某种东西，如某种类型的优秀行为，或某种意义，构入人的生活"。[18]对象、意义，乃至实在性，都是内在于我的，最高的善也不例外。

第三节　现代自我的历险

在现代西方哲学中，存在着一种十分重要的对立，即"内在"与"外在"的对立。"我们把我们的思想、观念或情感考虑为'内在于'我们之中，而把这些精神状态所关联的世界上的客体当成'外在的'。"[19]与这种对立相伴随的，是主体与客体、意识与世界的对立。现代经验主义与唯心主义，都承认这种区分，并以此为依托建构起认识论。如经验主义是以对外部世界的感

---

15 查尔斯·泰勒：《自我的根源：现代认同的形成》，韩震等译，译林出版社 2001
年，第 68-69 页。

16 查尔斯·泰勒：《自我的根源：现代认同的形成》，韩震等译，译林出版社 2001
年，第 63 页。

17 查尔斯·泰勒：《自我的根源：现代认同的形成》，韩震等译，译林出版社 2001
年，第 63 页。

18 查尔斯·泰勒：《自我的根源：现代认同的形成》，韩震等译，译林出版社 2001
年，第 63 页。

19 查尔斯·泰勒：《自我的根源：现代认同的形成》，韩震等译，译林出版社 2001
年，第 165 页。

觉为起点的，唯心主义是以主体内部的范畴为起点的。到了黑格尔，他则反对这种内外的分裂，因为这种分裂必然导致世界本身是不可认知的怀疑主义。他认为，没有脱离实在的空洞的意识，也没有意识所不能到达的实在。意识就是一切实在，绝对本身就是精神。

在现代道德哲学中，这种内在—外在的区分，则体现在对作为"外在"的超善的排斥，而只承认在人类意识内部，可以论证和推理的具体的善。

现代的自我观念，就是由上述的内在感所构成的，这种内在化的自我，是现代认同的基本前提。但细细考量起来，自我的这种内在化运动，也不是某个人的突发奇想，而是在一代又一代人的自我观念中流传下来的。

一、柏拉图的自制[20]

在柏拉图的道德学说中，内在与外在的对立不是最主要的，但却已经可以讨论。对柏拉图来说，最根本的，是理性（或理想）与欲望的对立。当理性战胜欲望，并取得支配性地位时，就是善的，反之就是恶的。理性支配下的灵魂便是有秩序的灵魂，自我便获得了自制。这种自制带来的结果是：自我的统一、镇定和泰然自若。

这种自制的获得，是理性和反思伦理学战胜先前以荷马为代表的行为和荣誉伦理学的关键。后者关注的是外在的成功，提倡的是有激情的生活和高尚的战斗精神。而反思伦理学则更看重内在的灵魂的气质。这种气质是宁静的、统一的和幸福的，它不关心外在的成功，从而对权力世界也不感兴趣。在这一点上，也仅仅在这一点上，才可使用内在与外在的区分。对于现代内在化的道德哲学来说，柏拉图的意义在于道德自我的集中和统一，这是内在化嬗变的前提。"没有在柏拉图理论中表达的我们所看到的统一自我，现代内在性概念绝不可能形成。"[21]但自我的集中和统一还不是内在化本身。

之所以说柏拉图的自我统一还不是内在化的，因为在柏拉图那里，是自我在宇宙秩序中占有一定的位置，自我被统一到了大的宇宙秩序中，而不是关于宇宙的意识和解释统一到了自我当中。所以，柏拉图是承认外在的超善的。我们之所以是善的，不仅是在理性支配下获得了自制的有秩序的灵魂；

---

20 见查尔斯·泰勒：《自我的根源：现代认同的形成》第六章，韩震等译，译林出版社 2001 年。

21 查尔斯·泰勒：《自我的根源：现代认同的形成》，韩震等译，译林出版社 2001 年，第 179 页。

而更根本的，乃在于灵魂的秩序是与超善支配下的宇宙秩序相统一的，我们的灵魂刚好在善的秩序中找到自身的位置，它被证明自身是适配于善的，它才是善的。现代哲学因着自由的名义，必然是反对这种外在于人类的秩序和善的。

内在化转变的关键，则在于对柏拉图这种"理性控制"的理解的转变。在新的理解下，为理性的权威提供依据的秩序，不再是外在的、被发现的宇宙秩序，而是内在的、被制造的，尤其是被理性制造的内在秩序。

二、奥古斯丁与内在转向

虽然在柏拉图的道德哲学中，内在与外在的区分已经可以辨析出来，但却不具有核心的重要性。泰勒认为，在奥古斯丁那里，迈开了通向内在性的步伐。但它还不是现代哲学特质上的内在化，因为对奥古斯丁而言，内在化的目的是再次地外在化，即向自我深处的挖掘，是为了发现隐藏在其中的、但却是从外面射入的光，即为了发现上帝。因为，与柏拉图一样，奥古斯丁也相信善的灵魂是理性支配下的有秩序的灵魂，而这种灵魂秩序之所以是善的，是因为它与一个外在的大的秩序相契合。对奥古斯丁来说，这个大的秩序就是上帝，或是上帝的表达。人之为善，与理解和爱上帝的秩序有关。对柏拉图和奥古斯丁来说，"对最高的实在的直接沉思是非常困难的，实际上在某种意义上是不可能的。但是，对柏拉图来说，我们通过考察最高原则组织的客体领域，即理念的领域，来发现这种最高的原则。"[22]即我们的灵魂之眼，已经有了领悟最高实在的能力。但对奥古斯丁来说，灵魂之眼不具备这种能力，除非由神恩赋予这种能力。这种领悟的能力，与其说是灵魂之眼的，不如说是上帝给予灵魂之眼的。在奥古斯丁看来，除非个别神秘的体验下，对上帝的直接认识是不可能的，而比较一般的方式是通过对上帝创造的秩序的认识来认识上帝。但这种对秩序的认识，不是向外在的客体领域的认识，而是对我们内在的灵魂秩序的认识。一个更加重要的事实是："上帝并非只是超验的客体，或只是更接近我们努力要认识的客体秩序的原则。首先对我们来说，上帝也是我们认识活动的基本支持性和基础性的原则。上帝并不只是我们渴望看到的对象，而是给予眼睛以看的能力的事物。"[23]或者，这可以表

22　查尔斯·泰勒：《自我的根源：现代认同的形成》，韩震等译，译林出版社 2001 年，第 192 页。

23　查尔斯·泰勒：《自我的根源：现代认同的形成》，韩震等译，译林出版社 2001

述为，上帝更根本地，是我们一切精神活动的先天的条件，是自我界定的背景和框架，我们正是先有了与上帝之间的关系，才可能开展对上帝的认识活动。这与泰勒一直以来所提倡的自我认同需有其道德框架和前提的思想，是一致的，也与黑格尔的人类的认识与解释都是有其背景的，而不可能是完全孤立的思想是一致的。所以在这一层意义上来说，泰勒的认同思想，无疑是基督教思想在面对现代主流哲学时的回应。

与现代西方哲学仅仅走向内在并终止于内在不同，"奥古斯丁的道路是一种'从外在走向内在，再从内在走向超越的'路。"[24]现代西方哲学，尤其是笛卡尔（René Descartes）以来的现代认识论传统，彻底地反对将上帝牵扯进哲学中来，甚至反对任何对超验者的讨论，他们认为存在着一个特殊的"内在"对象的领域；或者认为"我思"的优点，正在于以某种方式脱离了我们体验的物的世界；[25]甚至认为理性的灵魂应该从关于自身的观念中清除所有来自于感觉的东西。[26]而与此相反，奥古斯丁恰恰认为真理不可能孤零零的坐在自我之中，它恰恰是从上帝而来的，只有在人与上帝相遇的地方，即皈依之时，才有可能真正地发现真理之光及其来源，而不是发现一个孤零零的夜明珠。这一点，也有《圣经》依据。在《圣经》中，耶稣基督往往被比喻为来到世上的光，并且住在了人的生命里，人要认识真理，就是去发现这内在之光。[27]

三、笛卡尔与内在的自足

奥古斯丁虽然提出了要向我们内部去发现真理，但我们最终还是在内部遇见了上帝。是上帝使得这种内在的真理之为真理。我们内心并不具有自足的真理之源与道德根源。我们越向内，就越发现自己的不足。"勒内·笛卡尔事实上是近代哲学真正的创始人，因为近代哲学是以思维为原则的。独立的思维在这里与进行哲学论证的神学分开了，把它放在另外的一边去了。

年，第 192 页。

24 查尔斯·泰勒：《自我的根源：现代认同的形成》，韩震等译，译林出版社 2001 年，第 202 页。

25 见查尔斯·泰勒：《自我的根源：现代认同的形成》，韩震等译，译林出版社 2001 年，第 195 页。

26 见查尔斯·泰勒：《自我的根源：现代认同的形成》，韩震等译，译林出版社 2001 年，第 221 页。

27 见《约翰福音》1：4、8：12、9：5、11：9-10、12：35-36、12：46 等。

思维是一个新的基础。"[28]笛卡尔真正地使得哲学与神学分离了，而且将哲学完全建立在了内在的自足上。可以说，哲学传统的彻底世俗化，是从笛卡尔开始的。

与奥古斯丁不同，更激进地，笛卡尔将真理和道德根源置于我们内心了。笛卡尔虽然也讨论上帝的存在，但对他来说，这里有一个根本的、极具现代性的转变，即在他那里，上帝及其创造的秩序，不再是外在于我们的，而是我们合理建构的内在秩序的一部分。"上帝的存在变成了我通过明确见识的方法序列走向科学进步的层级。在我的完善的科学系统中，上帝的存在是一个定理。"[29]自我不再内在地与上帝相遇，他只遇见他自己。具有内在深度的自我具有自足的完满性。他在一个自明的基础上（"我在"），通过理性的正确，而建构起一个完整的秩序。真理和道德力量的根源，都内在于自足的自我内部。我之所以关心上帝存在的问题，是因为我关心上帝对我来说其意义何在。笛卡尔本身虽然不是无神论者和自然神论者，但却为自然神论和现代无信仰准备了基础，并使得在这套思想方法内，有神论的讨论成为了不必要的，无神论的各种见解之间又纷争不已。

在这个内部建构的秩序中，依然是理性占据着霸权地位。理性统治下的秩序之所以是善的，不再是因为这个秩序与上帝的秩序相配合，而是因为理性对激情的有效控制。对笛卡尔而言，将道德的善与宇宙的秩序混淆起来是不应该的。善是道德哲学领域的问题，而宇宙秩序是科学领域的问题。这两个领域的区分，其实在亚里士多德那里就已经初露端倪了："我们对宇宙秩序的把握，在不变和永恒知识的意义上，是一种科学。我们对生活中正当秩序和目的优先性的把握并不属于这种类型。它是对永久变化的理解，据此用一般规则绝不能详尽无遗地把握特殊情形和境况的特征。"[30]善的问题是一种实践的智慧，它不是某种科学，而是一种不能完全表达的见识。

对笛卡尔来说，他是接受这两个领域的区分的。但更进一步，他抛弃了所有关于实体逻各斯的理论，而仅仅对宇宙进行机械的理解。这种宇宙是中

---

28 黑格尔：《哲学史讲演录》（第四卷），贺麟、王太庆译，商务印书馆 1978 年，第 63 页。

29 查尔斯·泰勒：《自我的根源：现代认同的形成》，韩震等译，译林出版社 2001 年，第 237 页。

30 查尔斯·泰勒：《自我的根源：现代认同的形成》，韩震等译，译林出版社 2001 年，第 185 页。

性化的，它不再与道德上的善有什么牵连。这是一个祛魅了的宇宙，是没有天使的宇宙。同时，理性控制下的善的秩序，不同于亚里士多德，也不再是一种不能完全表达的见识，而是一套完整的程序，只要严格依据特定的准则思考和行动，就不会犯错误。

这样，依靠我们自身的理性能力与意志的自由，我们便获得了人类最伟大的尊严，[31]使我们从附属于上帝的地位，上升到了与上帝平等的地位。因为我们完全可以自己决定什么是善的、应该遵循什么步骤行动。即使是对上帝的考虑，也是为了使这个我们自己建构的秩序更加完善。谁再试图求助于外在的宇宙秩序或上帝的诫命，就被认为是缺少理性的能力，或没有使用自由意志的勇气，这是一件比较丢脸（有损尊严）的事。要是还有人坚持将真理与道德根源的超善诉之于上帝，要不就是顽固不化，要不就是落后于时代的。我们时代的进步意识，在使得人们获取一种最伟大的尊严的同时，也使得人们彼此之间难以被说服了。顽固不化者顶多因其虔诚与意志的坚韧不拔而被人们认为是值得钦佩的。

笛卡尔所寻求的理性，乃是本身既"确定"又"真实"的东西。"这种东西与信仰的对象不同，并不是仅仅真实而无从认识的东西，同时也不是仅仅具有感性的、可疑的确定性而无真实性可言的东西。"[32]这种理性不仅要从信仰和世界中脱离出来，而且更进一步地，因为它对激情的控制能力，也使得它从肉体中脱离出来。它所建立的内在秩序，使得人脱离了一切的外在宇宙秩序和神圣秩序。它提供了人类思想领域认识论和伦理学上的自足。它划定了一个囹圄的边界，一方面使得人在这个界限内称王称霸，另一方面也使得人对这之外的领土完全地无能为力。泰勒称这种理性为"分解式理性"（disengaged reason）。笛卡尔的后继者们，都是这种分解式理性的继承者。在他们继承王位的同时，也同样继承了无能为力和纷争的天性。

四、从分解式自我到点状自我

笛卡尔的分解式自我，是在一片空无中独坐的英雄，他凭借着程序性的

---

31 这种尊严，泰勒称之为"内在的荣誉伦理精神"，它不同于古代的武士荣誉伦理。"我们再也不在公共空间赢取名望；我们的行为是为了维持我们自己眼中的价值含义。"（查尔斯·泰勒：《自我的根源：现代认同的形成》，韩震等译，译林出版社 2001 年，第 228 页。）

32 黑格尔：《哲学史讲演录》（第四卷），贺麟、王太庆译，商务印书馆 1978 年，第69 页。

合理性，玩着一套守规则的、永不犯错的单机游戏。这是人们对自我的普遍的现代理解方式。这是内在深度的转向拒绝外在的超验者的必然后果。人越对自己理解得深刻，越发现自己的孤独，因为一切归根结底都是在心灵中发生的。在经过洛克（John Locke）及其影响的启蒙思想家之后，人类的自我理解发展成为了某种泰勒称之为"点状自我"（punctual self）的东西。

所谓"点状自我"，就是指没有任何广延的，不具有任何实体性（无论是物质的还是精神的）的自我意识。它仅仅是一种意识，它可以清楚地与任何东西分离开来。就像几何学中的一个点一样，它可以不与任何肉体相关，也可以寓居于任何肉体之中。这是一种更加激进的分解态度。点状自我使自己远离对象的特殊面貌，而它自身作为意识，则对对象具有重构的力量。它对事物的理解，以简单观念作为材料，复杂观念由简单观念构筑而成。人所能做的，就是把这些材料结合在一起，或使之并列，或把它们分割开来。而自我之所以具有同一性和连续性，那是因为我有记忆，记忆使得三十岁的我与十三岁的我成为一个，而没有记住的部分，则不能统一到自我中来。这完全是一种意识的自我，即泰勒所说的无广延、无实体的点状自我。在这样一种自我理解中，根本没有为上帝及其创造的秩序留下任何空间。即使有所谈论，恐怕也是将之作为自我所面对的某种对象性的材料来处理。这不仅是宇宙的祛魅，而且是自我的祛魅。

现代对自我的理解，普遍采用这种分解式的态度，我们将自我从宇宙甚至我们自己的身体中分离出来，并使之客观化，成为可以对之进行单独思考的对象性的东西。这一方面是理性的统治权威作为传统流传了下来，另一方面，泰勒尤其指出，恐怕也是社会规训的成果。"我们必须是被训练（和被强迫）才采取这种态度，当然不仅通过吸取学说的思想，更多的是通过所有与我们的现代生活方式不可分的纪律，即在经济、道德和性领域内的自我控制的纪律。"[33]在《世俗时代》第二章"规训社会的兴起"中，泰勒曾追溯过这种规训的思想史进程。在高位者，总是以武力或诱惑的方式，使民众服从于特定的行为准则和社会秩序。这些准则和秩序的特点是合理性的、可控的。这可以说是现代理性的可控的自我理解在公共领域的展开。通过自我反省获得了自我控制，而社会控制作为自我控制的扩展，无疑也是自我反省的产物。

---

[33] 查尔斯·泰勒：《自我的根源：现代认同的形成》，韩震等译，译林出版社 2001 年，第 263 页。

社会规训，隐秘地与内在化的自我理解相关联。

在黑格尔看来，自笛卡尔以降的这种分解式的自我意识，"一向所关涉的仅是它的独立和自由，为了拯救和保持其自身，曾不惜以牺牲世界或它自己的实在性为代价，将这两者都当作它自己的本质的否定物。"[34]但在黑格尔那里，自我意识到达理性时，它对他物（或对方）的否定态度就转化为肯定态度。黑格尔的理性不是分解式的、控制的和工具性的，而是与实在的统一。它自己即是实在，一切实在不是别的，正就是理性它自己。这时，世界与实在不再是对自我意识的否定，世界与实在，此时乃成了对于我的世界与实在。而之前，自我对世界与实在，"有所欲求，有所作为，然后总是退出世界，撤回自身，而为自己取消世界，并将作为意识的它自身也一并取消。"[35]对世界与实在的否定，最终带来的是自我意识的空无一物，即对自己的否定。只有自我意识发现自己即世界与实在时，它才能保有自身。"世界的持续存在对于它来说现在成了它自己的真理性和现在性；它确知只在这里才经验到自己。"[36]所以黑格尔意义上的理性，就是自我意识确知它自己即是一切实在的这个确定性。这个理性超脱了意识与他物的对立，它所获得的真理，不再是与其他理性获得的真理并存的部分真理，而乃是唯一的真理。

黑格尔的这一努力，对于解决现代哲学中自我认同的危机，具有重要的借鉴意义。

五、表达的自我

泰勒一再提醒，我们不要犯某种时代错误，认为"自我认同"与"自我意识"一样，是一个古老的问题。他尤其指出，认同是一个现代话题，它属于后浪漫主义时期，"这个时期以赫德尔的表现主义至关重要的观念为标志，即每个人都有其自己特殊的存在方式。"[37]像柏拉图、奥古斯丁、笛卡尔等任何关于人类本性一般的学说都无法充分地回答这个问题。"研究认同可

---

34 黑格尔：《精神现象学》（上卷），贺麟、王玖兴译，商务印书馆1979年，第154页。

35 黑格尔：《精神现象学》（上卷），贺麟、王玖兴译，商务印书馆1979年，第155页。

36 黑格尔：《精神现象学》（上卷），贺麟、王玖兴译，商务印书馆1979年，第155页。

37 查尔斯·泰勒：《自我的根源：现代认同的形成》，韩震等译，译林出版社2001年，第278页。

以被看作研究我本质上所是的东西。但是，这再也无法根据关于人类主体性的某些普遍描述，诸如灵魂、理性或意志，加以充分界定。"[38]认同追问的是我为何是我，而且为何独独是这一个我的问题。

在讨论赫德尔（Johnann Gottfried Herder）到表现主义对现代认同观念的决定性影响之前，必须指出的是，这种对自我的独一无二的理解方式，是由蒙田（Michel de Montaigne）开创的。蒙田与笛卡尔一样，也是在内在化的方向上寻找自我的本性。与笛卡尔不同的是，笛卡尔在内部深度所要寻找的，是人类的普遍本性，而蒙田所要寻找的，是每个个体的独特之处。他们虽在同一个方向上，但却是尖锐相对的。他们的这种同向的对峙，也构成了现代认同相分裂的两块陆地，虽然它们在同一股洋流中漂泊。"笛卡尔探索的是以普遍概念表达的科学和清楚明白的知识的秩序，在工具性控制的基础上这才有可能。蒙田的渴望是永远放弃关于这种'普遍'作用的一般范畴，逐渐捕捉我们的没有普遍解释的不朽重要性的自我理解，这样我们的独创性方式就是可以期待的了。"[39]蒙田的这种独特的自我，可以看作以赫德尔为代表的浪漫主义重视自我的创造性表达的前驱。它不再是道德完善所要求的媒介物，反而是要把我们从这些"过分的"和"专横的"要求下解放出来，以自由的方式，表达自己的独一无二。关于这种自我独特表达的浪漫主义传统，以及它与分解式理性的自我观念的对立，我们在后文中会详细谈到。

第四节 现代认同的三个特点

自我理解的内在化转向，规定了现代认同必然具有三个重要的特点，按照查尔斯·泰勒的用语，这三个特点分别如下：[40]

第一，区位化（localizations）。所谓区位化，是指对内在化的现代分解式主体来说，一旦我们从外在的宇宙秩序和意义世界中独立出来，一切秩序的建立、意义的评估、知识的构造和道德的根源，都是在我们的心灵之内的。

---

38 查尔斯·泰勒：《自我的根源：现代认同的形成》，韩震等译，译林出版社 2001年，第 278 页。

39 查尔斯·泰勒：《自我的根源：现代认同的形成》，韩震等译，译林出版社 2001年，第 275 页。

40 见查尔斯·泰勒：《自我的根源：现代认同的形成》第十一章"内在本性"，韩震等译，译林出版社 2001 年。

不但我们可以从世界中独立出来，而且心灵（或思想）也可以从世界中独立出来。一个实体，不再对另一个实体具有依赖性，无肉体的心灵可以凭着理性的控制能力、合理性的推理，将种种观念材料搭建在一起，成为独立自主的王国。这种内在于心灵的自我理解，就是区位化的理解。其实泰勒这里所谓的"区位化"，类似于吉登斯所分析的"脱域"，它指的是抽象的东西从具体语境中脱离出来，然后自我建构的这样一种特征。脱域主要用来分析现代社会的特质，而这里的区位化主要用来形容现代自我观念的特质，这种自我不但要从世界中脱离出来，而且要从自身脱离出来。

区位化又相应地产生了两个结果，即（1）主体与客体的对立。主体具有脱离客体独立存在的能力，外在于我的事物，都是可对象化处理的客体。（2）心灵与身体之间界线的划分。身体也被当做客体而对象化了。

第二，原子论（atomism）。由于分解式的主体是独立的存在，他不是外部秩序的组成部分，而是在内部产生着秩序、确立着道德根源，他是自足的。既然他都可以与自己的身体相分离，还有什么是他离不开的呢？当自我在无广延的点状之下还依然坚挺时，原子论的自我也就可以成立了。

原子论是现代社会契约理论的命根子，合法的政府不是宇宙秩序的模仿，也不是神圣诫命的代言人，而是在一个个独立个体同意的情况下，建立的服务性的组织。而这个组织中的成员，为表明对民众意见的尊重，它则承诺以最公正、最开放的方式，使得政府是正义的。而正义的意思是，使得每一个人的权利得到保障，即使是最弱势的个体也要使他获得尽可能大的利益。甚至现代支持君主制的君权神授学说，也不可避免地是原子论的变种，"也就是说，它认为人们之间没有自然的权威关系，随后它论证只有对君主的神授权力的承认，才能避免无政府状态的混乱。"[41]它的基础是对人的原子式的理解，解决问题的方法是承认（recognization）。

第三，创造性能力（'poietic' powers）。这一方面是指我们的构建能力。"知识并不是来自心灵与我们发现的事物秩序的关联，而是根据正确的准则构造对现实的表现。"[42]另一方面，是指我们对建构的表达。这种表达可以是普遍化的，也可以是独特的。所以语言在现代认同中具有非同寻常的重要性，它

---

41 查尔斯·泰勒：《自我的根源：现代认同的形成》，韩震等译，译林出版社 2001年，第 295 页。

42 查尔斯·泰勒：《自我的根源：现代认同的形成》，韩震等译，译林出版社 2001年，第 298 页。

不但要准确地表达，而且要有个性地表达，它不再与特定的事物或观念绑定在一起，而是被自由地赋予含义。就像理性不再保障善，而是可以被任意使用一样，语言现在也不保障真，也是可以被任意使用的。路德曾称理性为"那个娼妓"，如果他面对语言的这种状况，他一定会说上一句："语言这个婊子！"这一点在现代所谓的语言艺术的创作上，尤其名符其实。

第七章 世俗时代的精神状况

　　本章并不是要罗列和分析一切社会形态下的现代精神状况，而是要分析基督教传统下的社会，在世俗化的进程之后，构建世俗秩序和自我理解的新方式。在世俗领域，这些新的理解方式，主要有两种，即分解式理性和浪漫主义；在宗教领域，受世俗化的影响，也有所调整，从而出现了一些新的理论形态，如自然神学、泛神论等。从总体上看，现代基督教社会面临着一种思维多元化和信仰个人化的情景，这对基督教神学的现代合法性的寻求来说，既是危机，也是机遇。

第一节　现代性的三个隐忧

　　查尔斯·泰勒在描述当今这个世俗时代时，曾集中于它的三个主题，虽然这三个主题不可能穷尽所有的困扰和迷惑，但却已经可以触及到大部分问题。这三个主题是：[1]

　　第一，个人主义。这是世俗时代的伟大成果之一，并被认为是现代比古代进步的一个重要标志。因为它代表着一个伟大的成就，那就是自由的获得。我们不必像先辈那样，受缚于传统和神圣秩序，我们有权力选择自己所喜欢的生活方式，并且这种权利是受到一整套法律体系保护的。甚至于，我们有规定什么是善的自由，只要我们能够成熟而正确的使用一种人类特有的能力，那就是理性。自由这个成就的获得，使得人们越来越感受到作为万物的

1　见查尔斯·泰勒：《现代性之隐忧》第一章"三个隐忧"，程炼译，中央编译出版社 2001 年。

尺度的尊严，人们热爱这种尊严，并时刻防备着被任何经济的、家庭的、政治的等传统观念所侵犯。

"我们从较古老的道德视野中挣脱出来才赢得现代自由。人们过去常常把自己看成一个较大秩序的一部分。在某种情况下，这是一个宇宙秩序，一个'伟大的存在之链'，人类在自己的位置上与天使、天体和我们的世人同侪共舞。宇宙中的这种等级秩序曾反映在人类社会的等级结构中。"[2]从某种程度上讲，人们从这种传统秩序中脱离出来，不但是从一种神圣的宇宙之链中脱离出来，同时也是从一种人间的等级结构中脱离出来。这也是人们为什么这么努力地维护现在所获得的自由的原因。可能他们并不反对身处于某种神圣的宇宙秩序中，他们反对的乃是处于等级结构的压制中。在这种等级结构中，人们总是被锁定在一个给定的地方，这是一个只能属于他们，不可能逃离的角色，并且祖祖辈辈都将处在这个角色中。奴隶的儿子还是奴隶，皇帝的儿子还是皇帝，并且这种等级是受天命所维护的。

"但是，这些秩序在限制我们的同时，也赋予世界和社会生活的行为以意义。"[3]当我们祛除这些神圣秩序，获得个体的理性和自由时，我们称之为世界的祛魅。但世界的祛魅，一方面使得我们失去了世界和社会生活的意义，而对新的世界和社会意义并没有一个统一的承认。对于什么事是重要的和有价值的，每个人都有自己的理解，他们都有发展自己的生活形式的权利，别人不能也不应该试图规定其内容。另一方面，一个更加重要的东西也被去除掉了，那就是"生命的英雄维度"。个人主义所导致的自我中心，使得人们对那些自我之外的、更加高远的目标不再关心，人们不再讨论上帝，不再觉得还有一种值得以死相趋的东西；人们将目标锁定在日常生活的福祉上，日益培养出了一种封闭和冷漠的心智。这就是世界的祛魅、世俗化和个人主义之间的关系。

第二，工具理性的主导性。在我们失去原来的世界和社会意义之后，我们绝不会无动于衷于自己的苍白无聊，人类有追求秩序的本性，因为秩序意味着生活意义的获得，意味着身心的统一和平静。我们在祛魅的时代，力求克服日常生活的狭隘和平庸，力求获得某种新的活着的意义和高尚感。这种意义和高尚感，虽然不再与超验的神圣者相关，但它同样是值得我们投身其

2　查尔斯·泰勒：《现代性之隐忧》，程炼译，中央编译出版社2001年，第3页。
3　查尔斯·泰勒：《现代性之隐忧》，程炼译，中央编译出版社2001年，第3页。

中的东西，比如学术、文艺、公共安全等。

但一个被现代人所普遍采纳的理想，仍然是要获得最大多数人的最大程度的幸福。这种理想克服个人生活富裕的狭隘和平庸，并使人们为着全人类的福祉努力。无疑这是一个高尚的目标。但为了获得这种数量上和范围上的最大多数，人们所唯一能采用的，就是工具理性，因为"最大的效益、最佳的支出收获比率，是工具主义理性成功的度量尺度。"[4]已经不止一代人意识到了工具理性的可怕后果，它就像癌症一样，逐渐破坏人体健康的器官。它原本长在肺叶上，后来却扩大到全身。我们的现代社会已经被它全方位地感染了，它本应只发生于经济或政治领域，但现在甚至于文艺、道德和信仰领域也都工具理性化了。在本来应该用人文的方式处理的地方，我们也用数学方法来处理了。最明显的例子是西医治疗，我们去医院，总是被交给一台又一台的仪器，然后被一组又一组的数据所定性。这时我们不是作为一个整体的人被看待，而是被当作一个技术对象，被一大堆技术产品所包围着。

我们所生活于其中的时代，是工具理性猖獗的时代，韦伯称这种状况是"铁笼"。大多数人认为我们逃脱不掉这种没有人情味、没有道德关怀的庞大机制，除非我们完全拆除几个世纪以来的、我们所生活于其中的制度性结构，即市场和国家。它们都是世俗化的结果。但泰勒似乎抱有更大的信心，他相信，这种不可逃脱的宿命论是抽象的和错误的，我们的自由度不是零。反对工具理性的过程，不仅仅是精神和心灵的战斗，更是制度上的战斗，尽管不像革命家那种激烈和彻底。这一点也可解释泰勒为什么那么关心现代政治制度的建设，并积极参与其中。这种政治参与的行动背后，隐藏的乃是对人类生存状况的关怀和忧虑。

第三，现代专制主义。不同于古代那种恐怖和压迫的暴政，现代专制主义是温和的，甚至表面上采取民主和共和的形式。这种现代专制主义是工具理性的必然结果，如上所述，工具理性指导下的建设，是我们无法逃脱的铁笼。与这个铁笼不相符的个人生活，是难以维持的。例如我们不可能不乘坐现代交通工具。而人们对于私人生活的关注，使得他们没有人愿意主动地参与到自我管理的政治生活中，而更愿意在家中享受私人生活的满足。现代社会的年轻人越来越不愿意关心公共生活，于是就出现了越来越多的"宅男"

---

4 查尔斯·泰勒：《现代性之隐忧》，程炼译，中央编译出版社2001年，第5页。

"宅女"。这种现代专制主义，其实导致的一个严重的后果，就是自由的丧失。而自由，刚才还是我们洋洋得意地向人夸耀的东西。

第二节　世俗时代的主流思潮

沃格林（Eric Voegelin）在论述到世界的世俗化时，说到："人们可以让世界的内容增长到这样的程度，以致世界和上帝都消失于它们背后，但它们却不消除人类境况自身。这种情形始终存在于每一个灵魂之中；当上帝在世界上无处寻觅的时候，世界内容便会成为新的神秘；当超越的宗教象征被禁止的时候，新的象征又会从世俗的科学语言中发展起来并取而代之。"[5]这是一个可悲的境遇，或者说，这是人类的妄自尊大的代价。我们在离家出走之后，以为就可以不再面对父母，但有一天我们发现，我们自己却成为了父母。这也许是对我们的一个有益的启发，即我们不可能拽着头发脱离地球，我们的生存状况和我们的道德诉求，都是要面对一个背景和道德框架的。当我们抛弃了那种具有神圣性的道德框架后，世俗性的道德框架并没有被普遍建立起来，众多世俗的善各自为战，甚至有些人放弃了对善的尊重。世界和一切外在于我的东西，都成了不可琢磨的怪物，这种"成为新的神秘的外在世界"，与人类的内在自我，究竟在多大程度上共同"参与了我们精神的此在"，[6]是值得商讨的。

正是由于这种世俗化的社会状况，基督教信仰如今处于极其复杂的境况之下。原来的宗教生活被破坏掉了，新的象征和生活秩序却没有普遍建立起来。"从而，西方社会的宗教生活，变得比以前更加支离破碎了，更加不稳定了。因为，人们在其一生之中，或两代人之间，不断变换立场。这种情况是以前所没有的。"[7]一方面，人们希望通过非宗教的方式，来解释这个世界；而另一方面，却发现这种解释不够，人们会时不时遭遇另一种解释的需要，即指向超验者的需要。前文所提到的葬礼的例子，就处于这种矛盾之中。如今的基督教信仰处在交叉性压力（cross pressures）之下。这种交叉性

---

5 沃格林：《没有约束的现代性》，张新樟、刘景联译，华东师范大学出版社 2007年，第 212 页。

6 卡尔·洛维特：《从黑格尔到尼采》，李秋零译，生活·读书·新知三联书店 2006年，第 9 页。

7 Charles Taylor: *A Secular Age*, The Belknap Press of Harvard University Press, 2007, p.594.

压力，来自于两种力量的冲突，即"内在性"（immanent）和"超验性"（transcendent）。其实，那种离开宗教而解释世界的方式，就是试图驱逐或战胜超验者，只在人类内部，依据人类的本性和理性来理解世界。这种向"内在深度"（inwardness）的转折，在理解现代自我观念时，具有核心重要性。

在古代的精神图景中，上帝，总是以这种或那种方式，与人们所能够面对的唯一的道德根源联系在一起。这种精神图景的建构，大概有两种方式。其一，是奥古斯丁式的。通过对自我精神本质的彻底反思，对自我的不完善的承认，对完善的渴望，必然指向根本性的更高的存在者。其二，是一种间接的，通过一种秩序的观念建构的。作为道德主体的自我，依赖于一套事物秩序的存在；这种秩序本身的善，使我产生敬畏和感激，这种秩序最终指向一种超验的道德根源。但是，在基督教信仰中，这种秩序之上的超善，与上帝不可分割，它只能根植于上帝。世俗化的社会进程，不可否认，促进了人类认识能力的进展（这种进展往往使人们产生一种误会，即：不信上帝，是科学和教育的成就）；它通过逐渐排除早期阻碍着人们视野的蒙蔽之物，并试图换一种尽量清晰的方式来解释世界。即，大多数人，开始感到一种完全不同的道德根源，而不必假定一个上帝。这是一个寻找新的精神根源的进程，同时也是一个文化转变的过程。弄清楚哪些新的精神根源是可用的，是怎样变得可用的，这正是世俗化问题的魅力所在。

在讨论这些新的精神根源时，启蒙运动首先会跳入视野，但它的不足也同时暴露出来。其实，我们不能简单地将精神根源的替换，与启蒙运动联系起来。这个过程，其实是一个更加宏阔的文化变迁。为了使得对这种文化变迁的讨论更加清晰（同时也不可避免地会更加简化），可以将这种讨论建立在向"内在深度"转折的理解上。在近代西方思想史中，这种转折，可以将近现代几个方面的主流思潮统合起来，即分解式理性、浪漫主义的独特表达、基督教的理性化、自然神论、泛神论和无神论。

一、分解式理性

在向内在深度转向的过程中，分解式理性（disengaged reason）扮演了重要的角色。所谓"分解"，开始是指从原来依据宗教信仰所设定的道德根源，或者所建立的神圣秩序中脱离出来，转而依据理性自身的能力和限度，来理解世界；后来更激进地，是指点状自我从世界甚至肉体中分离出来，思维，尤其是理性，是一切哲学问题的起源。作为具有理性支配能力的主体，伴随的是人类的尊严感，并常常被这种尊严感所推动。那种外在于我们的，超验性的实在（如超善和上帝），不再具有根本的重要性。分解式理性在我们的时代往往采用科学的形式，即在处理对象事物时，我们采用的是工具式的态度。对于善，它采取的是向内寻求的方式。

启蒙运动基本上将这种分解式理性精神确定下来，它就是人类主体性地位的确立、善的内在寻求、理性能力的运用，是对一切非理性的、超验的解释世界的法则的全面排斥。具体到社会实践活动，就是反对教会，反对传统的权威，反对一切以现成的方式被给予的知识；新的知识的建立，需要一个坚实的基础。这里所谓"坚实的"，就是符合理性逻辑的、可经验的。这是一个全面去魅化的社会，摆脱一切神圣的、超验的维度，以一种纯然内在的方式思考世界。康德曾说过，所谓启蒙，"就是人类脱离自己所加之于自己的不成熟状态。不成熟状态就是不经别人的引导，就对运用自己的理智无能为力。"[8]这种人类运用自己的理性能力的状态，也就是人类的自律，自己给自己制定法则。这些法则包括道德的和信仰的，宗教也随之内化为主体的个体事件。

霍克海默（Max Horkheimer）和阿道尔诺（Theodre Wiesengrund Adorno）说："就进步思想的最一般意义而言，启蒙的根本目标就是要使人们摆脱恐惧，树立自主。但是，被彻底启蒙的世界却笼罩在一片因胜利而招致的灾难中，启蒙的纲领是要唤醒世界，祛除神话，并用知识代替幻想。"[9]如何理解被彻底启蒙的世界笼罩在一片灾难之中？按照霍克海默和阿道尔诺的解释，启蒙在祛除了一切神话和神秘的原则之后，人们在通往现代科学的道路上，却错误地放弃了对意义的追求，认为一切不符合算计与实用的东西都是值得怀疑的；认为所谓的超验者，无非是主体对外界的折射，是人类非理性能力的建构；一切"不能被还原为数字的，或最终不能被还原为太一（Eine）的，都是幻想"。[10]逻辑是科学的主要精神，启蒙之后的所谓近代精神，与古代社

8 康德："回答这个问题：'什么是启蒙运动？'"，载《历史理性批判文集》，何兆武译，商务印书馆 1990 年，第 23 页。

9 霍克海、默、阿道尔诺："启蒙的概念"，载《启蒙辩证法：哲学片段》，渠敬东、曹卫东译，上海人民出版社 2003 年，第 1 页。

10 霍克海默、阿道尔诺："启蒙的概念"，载《启蒙辩证法：哲学片段》，渠敬东、

会的一个重要区别，乃是将人类经验的观察统一到内在思维中去，并依照这种内在思维建立世界的秩序，使得每一个事物，每一个事件，都不是偶然的，不是不可解释的，它们都将在一个可以解释的序列中获得自己的位置。

这种试图取消超验者的方法，却遭遇了自我的思维之外的陌生，这种陌生是一种巨大的抽象和无知的混乱，让本来企图寻求平静和统一的现代自我感到恐惧和无所适从。世界在祛魅之后，重新又获得了一种神秘色彩。这就是沃格林所说的，"新的象征又会从世俗的科学语言中发展起来并取而代之"。例如在工业社会中，"人造环境"（尤其是商品和货币）便获得了这种神秘性，成为了新的世界象征；人类世界与超验者无关，但却被更多的新的超出自身之外的东西所控制，人与世界，人与人，以及人与自身的关系，遭受了一种不容置疑的异化。

二、浪漫主义及其表达

浪漫主义有时也称作表现主义（romantic expressionism），它反对分解式理性和工具理性，主张在我们的内在本性，尤其是在情感中发现真理。这种内在本性，不但与宏大的自然秩序和谐一致，并且表达着自然秩序。"人类的意识不仅反映自然的秩序，同时还完成或贯彻这自然秩序。依此，那展现于自然之中的宇宙精神，便在意识的自我认识当中达到其自身的完满，而这自我意识的场所，就是人的心灵。"[11]

西方的理性主义有三个支柱性的命题，即：一、所有的真问题都能得到解答，如果一个问题无法解答，它必定不是一个真问题。二、所有的答案都是可知的。三、所有的答案必须是兼容性的。17世纪末18世纪初的启蒙运动不同于传统精神的地方在于，答案的获得不是通过延续至今的神圣秩序和传统方法，而是运用理性。因为传统的解答，也常常是相互冲突的，或者是误导的；只有正确地运用理性，才会获得正确而不相冲突的答案。[12]休谟（David Hume）对两个命题的怀疑动摇了启蒙运动的理性主义基础：其一，因果关系并不是我们直接感知到的，或者说我们并不能确确实实地知道它是存在着

曹卫东译，上海人民出版社2003年，第5页。

11 查尔斯·泰勒：《黑格尔与现代社会》，徐文瑞译，联经出版事业公司1999年，第16页。

12 见以赛亚·柏林：《浪漫主义的根源》，吕梁等译，译林出版社2008年，第28-29页。

的。其二，我们无法用逻辑的方法证明世界的存在，而只能作为信念接收下来。因为我们无法将所有的事实都还原到数学的层面[13]。另外一个动摇启蒙主义的普遍性理想的，是孟德斯鸠（Baron de Montesquieu）的相对主义，他指出普天之下并非处处皆同，尤其是关于幸福的问题。然而，真正的反启蒙运动的思潮，却是源于德国浪漫主义运动。在这场运动中，相对主义与多元主义的地位得到了前所未有的确立。所以，对传统的神圣秩序造成致命打击的，首先是理性主义，其次是浪漫主义所带来的相对主义。如果说理性主义还有意于建立一个世界秩序的话，浪漫主义则无意于此。这两个方面的对立以及交通融合，可以说是现代思想史上一个主要的事件，而对于现今基督教信仰困境的理解，也将依赖于对这两者的关系的处理。

需要澄清的是，我们这里所讨论的"浪漫主义"，不是艺术（尤其是文学）领域中的创作派别，或创作方法。艺术中的浪漫主义是对新古典规范结构的反叛，"与古典主义强调理性主义、传统和形式上的和谐不同，浪漫主义更推崇个人、想象和情感的权利。"[14]虽然这种创作态度多少反映了我们所讨论的浪漫主义的精神特质，但我们所谈论的，是浪漫主义的哲学本质，它将自然作为道德本体，将本性及其表达作为人的本质。它被卢梭（Jean-Jacques Rousseau）、赫德尔等所阐发，后来也被歌德（Johann Wolfgang von Goethe）和黑格尔所接受。

接下来需要澄清的，是浪漫主义与自然主义的区别，以及与自然神论的关系。自然主义抹煞道德本体，认为"一切都是欲望；换一种更极端的说法，甚至都是肉体的欲望。"[15]而浪漫主义则不然，它承认道德本体，这个道德本体就是"自然"。这个"自然"不是茫茫无际的以物理原则组织在一起的机械宇宙，而是有灵性的生命体，每个人都在这个生命体中有他自身的位置。自然根本上是善的，我们之所以不善，乃是因为与自然的疏离，离开了自己本来的位置，如理性的使用将自然变成了对象。通过理性的更好控制，以求达到善，可以说是启蒙运动的主要成果之一。但浪漫主义者认为，理性的使

---

13 见以赛亚·柏林：《浪漫主义的根源》，吕梁等译，译林出版社 2008 年，第 38-39 页。

14 查尔斯·泰勒：《自我的根源：现代认同的形成》，韩震等译，译林出版社 2001 年，第 568 页。

15 查尔斯·泰勒：《自我的根源：现代认同的形成》，韩震等译，译林出版社 2001 年，第 547 页。

用是伴随着道德的衰落的。因为理性对人类本性的控制，本就不是一件好事，人要达到善，应该顺应本性。

认为自然根本上是善的，这与自然神论极其相似，但我们必须指出两者之间细微的区别。浪漫主义显然是受惠于自然神论的，但自然神论在谈论自然本身是善的之前，还要回答这个问题，即"自然为何是善的？"答案是自然作为上帝的创造物，所以是善的。之后，人类只要依据自然所提供的原则，就可以达到善。浪漫主义则更加放心，它从来不问自然为何是善的，"自然是善的"就是第一前提，不必再追问。它所关心的是如果人偏离了自然，就会产生不善。这种"在不提上帝的情况下就能解决问题的时候，则尽量不提上帝"的原则，显然已经沾染了世俗化的浓重气息。如果说在某些时候浪漫主义者还提到上帝的话，"上帝将被解释为我们在本性中力求看见，在我们自身中努力寻找的声音。"[16]从而走向泛神论是很容易的。在浪漫主义时代，这一点是常常可以看到的。如果再走得更远些，认为本性即物质性的话，则会滑向自然主义，即认为"万物的更大意义来自物理本性和我们自身的物质存在。"[17]

浪漫主义之所以是一种现代思维，正是因为它具有"内在化"的思维特征。虽然善的根源是自然，但是自然的善，只有通过内在于我的本性（或冲动）才被发现的。我的本性既是自然。本性与自然之间的和谐，不是个体对外在秩序的服从，而是这两者本来就是一个东西。使人为善的，不是命令，而是冲动。这是一种更为主观的态度。"对内在之声来说，需要做的完全在于摆脱其外在同伴，宣布自己拥有全部道德的资格。"[18]这种伦理学，就是本性伦理学，它支配着浪漫主义的表现主义运动。

浪漫主义认为我们的最终幸福，就是与这种内在之声和谐相处，也就是说完全成为我们自己，而不是被要求成为其他的什么样子。成为自己本来的样子，与基督教的"成圣之路"，即放弃自己本来有罪的样子，成为上帝所喜悦的圣洁的样子，是大相径庭的。也就是说，在浪漫主义者那里，没有原

16　查尔斯·泰勒：《自我的根源：现代认同的形成》，韩震等译，译林出版社 2001年，第 573 页。

17　查尔斯·泰勒：《自我的根源：现代认同的形成》，韩震等译，译林出版社 2001年，第 574 页。

18　查尔斯·泰勒：《自我的根源：现代认同的形成》，韩震等译，译林出版社 2001年，第 558 页。

罪的概念。但有趣的是，某些浪漫主义者，如卢梭，却固执地认为人性之恶不是知识或教化可以抵消的。堕落在卢梭的道德观中占有十分重要的位置。浪漫主义者对人性，起码在日常状态下人们所表现出来的人性，有着深深的不信任，所以才提倡要发现一个深藏着的本来的样子，要作回真实的自己。这其实也是一段艰难的路程，因为人们往往搞不清楚什么才是本来的样子，误认为按本性行事就是按欲望行事。这就是为什么自称是浪漫主义者的人，有时是卓然不群的，有时是放荡不羁的，但有时也会是纵欲的。

在浪漫主义者那里，原本"只有在上帝那里才能找到的同一和完整性的根源，如今却发现存在于自我之中。"[19]泰勒指出，"卢梭是大量当代文化和自我探索哲学的起点，也是使自律的自由成为德行的关键这一信条的起点。他是现代文化转向更深刻的内在深度性和激进自律的出发点。"[20]从这里，我们可以看到，分解式理性与浪漫主义的一个共同点，也是他们作为现代思维的共同点，就是这种内在性和自我的同一性（自律）。自我就是一个完整的体系，不需要参与到一个外在的结构中去；相反，一切外在的因素都可以被理解为内在体系的组成部分。

对自律的理解，康德追随卢梭，谴责对欲望的服从，也谴责工具理性对世界的控制。他将这些原则都称之为他律，即认为欲望和工具性的需求，都不是人类的本性，人类的本性乃是遵照普遍律令的最终目标行事。它之所以是人类的本性，乃是因为它不是以行为的后果，而是以行为的动机为根据的，它体现出来的，不是对某物的服从，乃是人类真正的自由与尊严。与卢梭不同的是，自律遵从的本性不是人类的冲动，而是理性。当然不是工具理性和理论理性，而是实践理性。"康德明确主张，道德不可能在自然或任何外在于人类理性意志的地方发现。这是对所有古代道德观的彻底摒弃。"[21]我们可以说，康德的理论是现代立场最直接和最不妥协的阐述。而康德则是一个真正高尚的现代人的代表。

在康德主义看来，浪漫主义把自然当作道德根源，并将善理解为人的本

---

19 查尔斯·泰勒：《自我的根源：现代认同的形成》，韩震等译，译林出版社 2001年，第 559 页。

20 查尔斯·泰勒：《自我的根源：现代认同的形成》，韩震等译，译林出版社 2001年，第 559 页。

21 查尔斯·泰勒：《自我的根源：现代认同的形成》，韩震等译，译林出版社 2001年，第 561 页。

性与自然的统一，是对人的自主性的限制。自然依然是一种他律。人的自由应追求一种真正的自律。但在浪漫主义者看来，康德的理性自律，乃是割裂了人的内在本性与外在自然的统一，使得自由与自然成了相对立的概念。但这两者也有共同之处，他们对分解式理性与自然主义持批评态度，并且更重要的，"二者都是内在化的结果，二者都试图置根源于内部。"[22]所以后来的思想家，如黑格尔，都力求将自律与表现的统一、理性与情感在更高的层次上统一起来。

浪漫主义确实也存在着一个大大的困境。传统哲学的善，是由上帝、理念等超验的道德根源所规定的；而浪漫主义的道德根源是内在的人类本性。那么什么是善的，也就是由人类本性所决定的。这种人类本性所表达的，是对于我们的生活、我们的日常欲望和满足，以及我们置身其中的宏大自然秩序的情感。情感上的愉悦与伦理上的善之间往往会划上等号。伦理学与美学之间的界限不再那么清晰了。"审美"这一术语向我们指出一种经验的模式，"它不怎么关注客体本性，而是较多关注于被唤起的经验的特征。"[23]这与浪漫主义对本性的关注是相似的，而"美学范畴自身是十八世纪通过对自然的和人为的美的崭新理解而发展起来的。"[24]美学与浪漫主义之间有着内在的关系。

在浪漫主义中，表达占据着重要的位置，可以说，没有表达，就无所谓浪漫主义。"假如我们是通过内在的声音或冲动接近本性，那么我们只有通过表达我们在自身发现了什么才能充分了解这种本性。"[25]这种表达具有以下几个特征：其一，它是对"我们自身"的表达，是一种由内向外的显现；其二，通过表达而显现的东西，不意味着是预先已经得到充分说明的，它有可能在表达的过程中才建立起来；其三，表达需要一定的媒介；其四，当原有的媒介不足以表达一个慢慢建立起来的东西时，我们便会使用新的媒介来表达这个新的东西，这时我们称之为"创造"。第四个特征在艺术创作中是常

---

22 查尔斯·泰勒：《自我的根源：现代认同的形成》，韩震等译，译林出版社 2001 年，第 596 页。

23 查尔斯·泰勒：《自我的根源：现代认同的形成》，韩震等译，译林出版社 2001 年，第 577 页。

24 查尔斯·泰勒：《自我的根源：现代认同的形成》，韩震等译，译林出版社 2001 年，第 577 页。

25 查尔斯·泰勒：《自我的根源：现代认同的形成》，韩震等译，译林出版社 2001 年，第 578 页。

常遇到的情形，也是浪漫主义哲学最能体现出它的主体性的地方。所以，浪漫主义同时也是一种"表现主义"，它不仅是对现成事物的呈现，更主要的是对本性的创造性表达。因为"生命冲动的这种方向不能也不可能在这种显现之前就是清晰的。要实现我的本性，我必须通过对它的阐明去定义它；但是还有一种更强意义上的定义：我实现着这种阐述，因而赋予我的生命以确定的形态。"[26]在使本性得以显现，使生命得以塑造的意义上，表达的媒介，如语言，在此获得了空前重要的地位。而与此同时，由于每个人（甚至每个民族）都有他自己的语言习惯，都有他自己的情感，所以每个人都有他自己的独特表达，有他自己的尺度。所以在有些时候，对你而言的善，对我来说不一定就是善的。这显然会导致一种个体主义。这也是有些现代艺术越来越不能为人所理解的原因，同时也是有些现代人的行为越来越不能为人所理解的原因。这同样涉及到"美"与"善"的问题，个人审美与伦理之间的界限是模糊的，他以他情感上认为是美的方式去做事情，并认为这同时是善的。但对另一个人来说，则可能不是美的，更不是善的。

表现性个体是我们现代文化的一个基石，"它对我们是如此重要，以至我们发现难以接受它是人类历史中非常新近的、在早期难以理解的观念。"[27]我们都认为这种"自然而然"的方式，乃是人类亘古以来的思维方式。对这种创造性的表达方式，所感受到的出离自身的敬畏感和神圣感，接近了某种神圣的宗教情感，所以这也是审美与宗教体验的相近之处，是中国近代提出"美育代宗教"的理由所在。现代人能在审美中感受到神圣情感，便不用再诉诸宗教了。

三、基督教的理性化：自然神学

正如前面所指出的，西方基督教传统所建立的神学（尤其是启示神学）的道德根源和神圣秩序，在理性主义和浪漫主义等现代思维的冲击下，不再被普遍接受了。"有神论的视界的原初完整性已经破碎，现在可以多方位寻找根源，其中包括我们自己的力量和本性在内。"[28]这预示着一种宗教领域之

---

26 查尔斯·泰勒：《自我的根源：现代认同的形成》，韩震等译，译林出版社 2001年，第 579 页。

27 查尔斯·泰勒：《自我的根源：现代认同的形成》，韩震等译，译林出版社 2001年，第 581 页。

28 查尔斯·泰勒：《自我的根源：现代认同的形成》，韩震等译，译林出版社 2001

外的全面世俗时代的来临。同样，基督教内部也受到了现代世俗思维的重大冲击，从而暗示了一种基督教内部的变化，这种变化可以叫做"基督教的理性化"。基督教的理性化与世俗化不同，世俗化除了祛魅，更主要的乃是祛除超验者，即上帝。基督教的理性化不可能要求祛除上帝，它主要表现为用理性来融合信仰，采取一种从下到上，从人到上帝的建筑术。但理性与信仰的融合并不是一件新事物，它长久地存在于基督教传统之中。之所以说近代以来基督教内部的这种变化也是一种现代思维，乃是因为与信仰所融合的理性，更根本地讲，已经变成了现代的分解式理性。自然神学在现代社会中占有一席之地，主要乃在于理性的现代化，赋予了它一种更新生命的能力。当然我们也可以理解为，基督教传统中信仰与理性的融合，本来就是导致基督教理性化的根源。

卡斯培在描述现代思维的状况，并指出它对传统基督教神学的挑战时说："在很大程度上，我们已经失去了信仰的维度，就是奥秘的维度。因此，从神学上而言，我们又被迫倒退到理解的开端；我们的经验能力已多半局限于五官所能把握的东西，局限于能够被计算、被生产的东西。结果，在我们这个世俗化的社会里，教义神学比以往更须关心其本身的理解预设。这种对理解信仰之理解预设的反思，称为'自然神学'（natural theology）。"[29]在现今经验的语境中，传统基督教通过启示和教义所传达的关于上帝的信息，已经变得毫无意义，并且成为了一种无法被现代人所掌握的外国语。如今，信仰的理解预设，必须被重新定义，必须建立在经验所能掌握和理解的领域内。这是基督教神学所面临的真正挑战。

卡斯培认为，在《圣经》中，没有明确反思过信仰的自然预设，即《圣经》里并没有自然神学。但另一方面，《圣经》却又实践着自然神学，"因为《圣经》就活在一个完全由宗教决定的环境中；《圣经》因而可能已经以一种完全自明的方式不仅求助于宗教观念和经验，而且还求助于普通人的日常经验，由此得出可供宗教陈述利用的种种形象。"[30]即《圣经》所揭示的神学主题，乃是从当时的生活经验出发的，无需论证。在这种未经反思却广泛运用

年，第 781 页。

29 卡斯培：《现代语境中的上帝观念》，罗选民译，华东师范大学出版社 2008 年，第 109-110 页。

30 卡斯培：《现代语境中的上帝观念》，罗选民译，华东师范大学出版社 2008 年，第 110 页。

的神学背景下，存在着一种根本的信仰，那就是：创造的秩序与拯救的秩序是相互一致的。

在早期教会传统中，教父们曾以双重的方式提到通过认识自然而达到对于上帝的知识是可能的，即上帝既可以通过可见的自然之物被人所知，也可以通过人类灵魂的自然本性而被人所知。教父们对自然知识与信仰之间的关系做彻底的思考，是被古代诺斯替主义逼出来的。诺斯替主义强调上帝与世界、精神与物质之间的二元划分，认为救赎不是世界本身得到救赎，而是从世界中救赎出来。经院哲学主要遵循托马斯·阿奎那（Thomas Aquinas）在《神学大全》第一部第二题第二条中所提出的公理，来表达创造与救赎的同一性，这个公理是"恩典预设自然"（*gratia supponit naturam*）或"信仰预设理性"（*fides supponit rationem*）。"这一公理的真正意思应是上帝启示必须预设一个能够倾听、理解并自由作出决定的主体。因此，上帝只能向具有理智和自由意志的人发出信仰的召唤，而不能向诸如无生命的对象或没有灵魂的生物发出这种召唤。"[31]

到了近代，关于信仰的自然预设，遭到了人们的怀疑和否定。这种怀疑和否定以双重的方式出现："由于过高地评价理智（理性主义），从而导致一种见解，错误地认为人类和世界是绝对自主的；与这种过高的评价相反的是，通过贬低理性，从而主张，唯有在信仰之中，人类才能接近上帝（唯信主义），只有通过宗教传统，才能接近上帝（传统主义）。"[32]梵蒂冈第一届大公会议（1869-1870）和第二届大公会议（1962-1965）批判了上述的两种偏激的方式，而强调信仰与理性的一致性，主张通过理性的自然之光，人类必能认识上帝。

卡斯培指出，以上《圣经》、传统教会和官方的陈述，解释了自然神学的第一种考虑，即：人类对信仰的接受，绝对不是在一种化学处理过的"纯粹"状态中，而必然是基于人类的日常生存状态的；信仰必然是以人类所能理解的方式接受的，这里主要是指理性。从而，信仰与理性从来就是相一致的。

自然神学的第二种考虑，乃是指：不以信仰见证者为起点，而是以听众为起点。即，信仰见证的目的，不在于表达个人的宗教经验，基督徒在对自

---

31 卡斯培：《现代语境中的上帝观念》，罗选民译，华东师范大学出版社 2008 年，第 114 页。

32 卡斯培：《现代语境中的上帝观念》，罗选民译，华东师范大学出版社 2008 年，第 114 页。

己的良心负责的同时，还必须向所有的人解释他们的盼望。所以，基督教信仰不可能不涉及人类所共有的东西，这种共有的东西将各种差异的人作为普遍的人联系起来，这个共有的东西就是理性。自然神学认为基督教不可能退到个人经验中去，而必须走向人类共有的理性理解。这一点与后面我们将要讨论到的，威廉·詹姆士所强调的宗教信仰的私己性，尤其是强调宗教信仰的情感因素，完全相反。詹姆士走的完全是一条现代路线，因为私己体验必然是内在性的。而自然神学在现代社会之所以有立脚之处，乃是因为，如前文所分析的，对人类理性的理解有一个向现代演化的进程。现代理性使得自然神学返老还童了。

卡斯培接下来对于自然神学的理解，做出了一个更加伟大的贡献，那就是梳理了自然神学的三种经典形式。通过这种思想史的梳理，尤其是对第三种经典形式的阐释，对于理解我们现时代的精神状况，以及即使作为一种学术讨论，对于理解查尔斯·泰勒在多部书中所讨论的"自然神论"（Deism）[33]，是大有帮助的。因为泰勒的"自然神论"，其实就是卡斯培的"自然神学"的现代变种。

第一种经典类型，乃是希腊哲学家的自然神学。"希腊精神最大的成就，是它不满足于神话（Mythos）的意象，而要追问隐藏于其中的逻各斯（Logos）。"[34]智者（Sophists）区分了"自然"（Physis）和"设定"（Thesis），"自然"指的是人和众神的本质是什么，"设定"指的是人们认为他们是什么。柏拉图首先发现了"神学"概念，并认识到神话故事中许多有害的特征。亚里士多德使得神学变成了第一哲学，即以一种理性的方式讨论一个或多个首要原理，后来变成了自然神学，以与神话神学和政治神学相区分。奥古斯丁采用二分法，认为神话神学就是政治神学。早期基督教接受了古希腊的自然神学，例如德尔图良（Tertullianus）就曾谈论过"天然的基督徒"（*anima naturaliter christiana*）这个概念。

第二种经典类型，乃是指基督教的自然神学。它也有一个发展变化的过程。"《圣经》并不探究事物的自然本性，也就是说，不根据事物各自的本

---

33 See Charles Taylor: *Sources of the Self: The Making of the Modern Identity*, Part III, Harvard University Press, 1989. Or *A Secular Age*, Part II, The Belknap Press of Harvard University Press, 2007.

34 卡斯培：《现代语境中的上帝观念》，罗选民译，华东师范大学出版社 2008 年，第118 页。

源（拉丁文'自然'〔natura〕源于'生'〔nasci〕）来探究它们是什么，而只以人和世界在上帝中的本源来探究人和世界是什么。因此，《圣经》不把现实视为自然（Φνσιζ），而是视为受造物（κτισιζ）。"[35]作为受造的现实，一方面完全依赖于上帝，另一方面又与上帝有天渊之别，从而享有相对的独立性。而这种独立性会使人类反对上帝，从而坠入罪中。人类无法解决自身的罪的问题，只能回到上帝之中。所以，《圣经》中所揭示的世界和人类的关系，是一种紧张的人神关系史。这一点我们在第一章第六节中已经做过讨论，这里不再详述。总起来看，在《圣经》中，"自然"不是独立于"恩典"之外的存在秩序的基础，它在恩典的秩序之内，并具有相对的独立性。即，在《圣经》中，自然的历史是融入到救恩的历史之中的，这一点在历代神学家的思想中都是一致的。"自然不是一种独立的、自我封闭的、可自我完善或成就的现实领域。它以动态的方式得到定向，以超越自身，实现一种自身不能给予、只能靠上帝恩典而获得的完善。只有通过恩典，自然才能成功获得自身的确定性。一旦因犯罪而失去恩典，自然就变得自相矛盾，并且会深深地陷入歧途。"[36]所以传统神学家都一致遵守着这个公理：恩典预设自然并成就自然。

到了近代，这种神学传统发生了变化。那就是自然脱离了恩典秩序，变成了一个独立的秩序。这种变化一方面产生了基督教内部的自然神学，另一方面，随着世俗化进程，现代哲学、政治学、伦理学等都逐渐脱离恩典秩序，而将基石立在了自然秩序上。卡斯培指出，自然秩序从恩典秩序的脱离，首先是在十六世纪由鲁汶（Louvain）神学家巴尤斯（M. Baius）的异端学说发动的；后来，巴洛克（Baroque）时期和新经院哲学时期的神学家构建了"纯粹自然"（natura pura）观念。这个观念对自然神学和超自然神学（恩典神学）双重秩序的建立，具有决定性作用。

第三种经典类型，是启蒙运动中的自然神学。近代社会逐渐摆脱了基督教所预设的种种前提，尤其是启示神学的前提。基督教所提供的神圣秩序不再把社会凝聚在一起。人类在宗教之外寻求一种新的中性的基础，这种基础必须是人类所共有的，那就是自然与理性。如此一来，不但产生了一种非神

---

35 卡斯培：《现代语境中的上帝观念》，罗选民译，华东师范大学出版社 2008 年，第 119 页。

36 卡斯培：《现代语境中的上帝观念》，罗选民译，华东师范大学出版社 2008 年，第 120 页。

学的理性知识体系，而且在神学内部，产生了一种自然神学，即仅仅使用理性的自然之光，对人和世界进行思考。在基督教内部，这种新的自然神学与传统的启示神学平起平坐。

如上所述，天主教曾试图调解理性和信仰之间的对立关系，它既反对理性主义，又反对唯信主义和传统主义。但在承认自然秩序和超自然秩序的同时，其实就是承认了两种神学的可能性。这两种神学是不可能调和为一的，因为它们是两个根源生出的两棵大树。在天主教的图景中，就有了两种神学松散地叠合在一起的双层图式。宗教改革的神学，尤其是路德神学，拒绝走这种调和的道路，强调因信称义，唯有恩典，只有启示的知识，才是关于上帝的真知识。但这在天主教看来，是一种唯信主义。在19世纪时，自然神学正式成为了批判的主体。但施莱尔马赫（Friedrich Schleiermacher）对它基本是一种肯定的态度，他希望对自由和历史之现实予以适当的重视。自由神学的领袖人物里敕尔（A. Ritschl）则反对自然神学的立场，认为信仰所关涉的，乃是精神，不是自然。当时的人文科学，也力图摆脱自然神学的影响，而将知识建立在自然本身上，与上帝无关。卡尔·巴特是对自然神学批判最猛烈的，他把自然神学看做是制造偶像，因为通过理性认识上帝，乃是一种人类试图控制上帝的企图。

总之，通过上面的分析，我们大体可以知道，基督教神学中的"自然"概念，不是哲学上的自然，它不是与人类的创造性活动（如文化、历史等）相对立的、未曾修饰过的现实。基督教神学中的自然，乃是与"恩典"相对立的一个概念。起先，自然由于是上帝创造的自然，是服从于恩典，并被恩典所成就的。后来，随着自然独立地位的获得，以自然为基础，以理性为手段所建立起来的自然神学，获得了与启示神学相对等的地位。这是近代基督教内部所不断探讨的难题。但在基督教之外，自然成了一个彻底独立的基础，它构建了一整套非神学的知识体系，这就是现代完全世俗性的知识体系。

但现在自然神学与自然知识体系都面临着一种所谓历史主义的挑战，这种历史主义提倡一种相对主义的知识观。人们发现，不同的历史条件下，不同的文化背景，就会为知识和信仰提供不同的基础秩序。如前文所论述的，赤裸裸的自然是不存在的，自然必然是披着各种观念的自然。所以自然神学也好，自然知识也好，都要与具体的历史条件相关联。这一方面否定了启蒙思潮中那种抽象的、非历史性的自然和理性知识，但另一方面，也就否定了自然神学的可能性。今天的思想家清楚地知道，人类的先天理解条件是在历史进程中不断变化的。那种寻求知识和信仰的不变的先天预设的崇高理想，在历史主义的琐碎中失落了。信仰和知识的合理性证明，要以信仰和知识所能理解的视域为预设，而不再因其本身而得到证明。

四、自然神论、泛神论与无神论

通过对自然神学的讨论，我们可以看出，自然神学的历史演变，是理解我们现时代的精神状况的关键之一。自然神学的基础是自然，强调的是信仰与理性的融合，后来强调的是信仰上帝与人类的历史处境的融合。在自然神学中，理性扮演着核心的重要性。这种自然神学在近现代的人类思维中，占据着十分重要的地位。它后来衍生出来的自然神论（Deism），查尔斯·泰勒称之为传统基督教信仰和现代人本主义之间的过度阶段。[37]自然神论可以说是自然神学的特殊形态，尤其是与第三种自然神学的类型密切相关。自然神论作为一种思潮，主要发生在启蒙运动时期，并且一直影响着现代人的神学观念。

卡斯培曾指出，"启蒙运动时期有代表性的宗教哲学，不是泛神论，而是自然神论。自然神论发端于 17 至 18 世纪间的英国（赫伯特勋爵〔Lord Herbert of Cherbury〕、霍布斯〔T. Hobbes〕、托兰〔J.Toland〕、洛克〔J.Locke〕、廷德尔〔M.Tindal〕、科林斯〔A.Collins〕等），以后成为法国启蒙主义者（如培尔〔P.Bayle〕、伏尔泰〔Voltaire〕、狄德罗〔D.Diderot〕等）所效忠的宗教哲学，最后进入了德国（如赖马鲁斯〔H.S.Reimarus〕等）。"[38]自然神论是一种自然宗教，它追求的乃是每一个人，在不依赖于超自然之物的情况下，可以获得一种具有普遍性的宗教真理。在启蒙时期，随着其他形态的宗教的发现，超自然的基督教变得相对化了，成了众多宗教形态中的一种。于是，人们开始寻找一种可以概括所有宗教形态的普遍的宗教知识。这种宗教知识的基石乃是自然，所依据的乃是人类的理性，所建立的神学体系乃是自然神论。在自然神论中，上帝变得似乎多余了。因为上帝在创造了这个世界之后，就像机械师制造了钟表一样，让世界按照其自身的规律运转了。上帝退到了世

---

37 Charles Taylor: *A Secular Age*, The Belknap Press of Harvard University Press, 2007, p.221.

38 卡斯培：《现代语境中的上帝观念》，罗选民译，华东师范大学出版社 2008 年，第37 页。

界的背后。人们要认识上帝，最好的办法就是认识世界的秩序，因为它就是上帝的意志的体现。当然这种观念，一方面是受了当时自然科学的影响，尤其是受了牛顿的影响；自牛顿开始，就混淆了"获得自然知识的方式"，与"自然本身的方式"，把两者相互等同，并把自然科学的方法变成了一种新的形而上学。另一方面，自然神论也确实有着基督教传统的根据。

"世界是上帝的意志"是一个传统的基督教观念，我们通过认识被造物的秩序，可以发现善——即上帝的意志，这种观点在犹太－基督教传统中是十分常见的。但在犹太－基督教传统中，这种善不仅仅局限于人类的现世利益，而是有着更加神圣的目的。上帝的启示使得我们知道，善不仅仅局限于现世的幸福。但是到了 17 世纪晚期和 18 世纪的自然神论，对于善和世界目的的理解，日益变得人类中心主义了。

泰勒认为，洛克对自然神论负有主要的责任，洛克的理由是这样的：在上帝创造的自然中，通过我们的理性对自然法则的研究，就可以认识上帝的目的。上帝的诫命与人的理性，被自然法这颗结实的螺丝帽拧为一体了。

洛克认为，自然法的首要原则是自保。"因为上帝设计的存在具有自我保存的强烈欲念，我们能推断，我们的自保就是他的意图。"[39]所以，每个人对自己生命、自由和财产的维护，都是符合上帝的意图的。同样，他人的自保也是符合上帝意图的，每个人也都需要尊重他人的生命、自由和财产。洛克在《政府论》第 86 段中说道："因为上帝既然已亲自把保存自己生命和存在的欲望（强烈的欲望），作为一种行动的原则，扎根于人的身上，'作为人类心中的上帝之声的理性'就不能不教导他并且使他相信，按照他所具有的自我保存的自然趋向行事，就是服从他的创造主的旨意。"[40]

自保成了上帝意旨的中心点，"为获得生活手段而设计的能力被赋予中心的重要性和尊严。"[41]基督教如若接纳这一中心点，则彻彻底底地成为了人间宗教，即以人类自保为中心教义，以上帝意志为扩展性论证的世俗化宗教。在清教职业观中，世俗的工作还有一个超验的目的，这个超验的目的始终占据着中心位置。而在自保的教义中，世俗生活占有中心位置，超验性的目的

39 查尔斯·泰勒：《自我的根源：现代认同的形成》，韩震等译，译林出版社 2001 年，第 358 页。
40 洛克：《政府论》（上篇），瞿菊农、叶启芳译，商务印书馆 1982 年，第 74-75 页。
41 查尔斯·泰勒：《自我的根源：现代认同的形成》，韩震等译，译林出版社 2001 年，第 359 页。

被包融在世俗生活之内，不会对世俗生活构成外在的张力和排斥。因为每个人都有自保的倾向，所以，我们应当为了公共的善——每个人的自保——而工作。这个公共的善，也不是来自于上帝诫命之一的"你们要彼此相爱"，而是来自于自然法的"你们要彼此自保"。上帝诫命的第一条"你们要爱上帝"，在公共的善中找不到立脚点了。

在自然神论看来，要了解上帝的目的，最正确的方法，同时也是最高尚的和最可靠的方法，就是运用理性。我们通过理性认识自然法，获取知识和运用知识，理性实践是参与到上帝计划中去的路径。从人到达上帝的理性，比从上帝到达人的启示更加可靠，更能为人类所掌握，原来"虔诚地为了上帝而生活的问题，现在则变成了有理性地生活的问题。"[42]理性在自然神论中，占有着比以往任何时候都重要的位置，它就是道路。由于现代的理性主要是指笛卡尔意义上的分解式理性，所以在自然神论中，人类所能利用的理性，也主要是指分解式理性。

基督教信仰与现代分解式理性的联姻，使得天意变得越来越易于理解，神恩的地位，也越来越趋于消失。以自然为神学的出发点，以理性为建构神学体系的工具的作法，必然不是真正的"关于神的诫命的学问"，而是人间的世俗化的变种。在人类因懒惰、贪婪、激情、野心等而偏离自然法的正路时，上帝才作为候补队员，进入人们的视野。依照人类本性而走不通的道路，绕过上帝的神恩这个弯弯后，又回到了原来的方向上。"人类有潜在的理性，但同时对非理性和罪恶有内在的喜好，注定由于他们自身的缘由使他们自己最好的潜能受挫，那么人们就能明白他们的状况呼求能把他们拯救出来的上帝。"[43]上帝在极其危机的时候才被呼求，并作为神话般的力量，在人们实在走不通的地方，一下子跳出来的。即神恩只在两个地方补充性地出现：其一，在人类本性之善因罪的限制而无法发挥作用的时候；其二，在自然法之外的问题域中，如关于拯救的问题。

自然神论这种人类中心主义的本质，必然要消解超验维度。这种消解包含着四个方面，[44]第一，高远目标（further purpose）的消失。人们认为，从根

---

42 查尔斯·泰勒：《自我的根源：现代认同的形成》，韩震等译，译林出版社 2001 年，第 366 页。

43 查尔斯·泰勒：《自我的根源：现代认同的形成》，韩震等译，译林出版社 2001 年，第 364 页。

44 Charles Taylor: *A Secular Age*, The Belknap Press of Harvard University Press, 2007,

本上讲，我们之所以向上帝负责，仅仅是我们要实现自己的好处。第二，恩典的消失。上帝的意志就在他所创造的世界中，这个意志是可以通过人类的理性和适当的教育发现的。上帝虽然还被认为是存在的，但他创造了世界，并给予了我们理性的能力之后，就躲到世界的后面去了，在历史的尽头等待着最后的审判，给善良者以福报，给邪恶者以惩罚。第三，神秘感的隐退。如果上帝的目的乃是为着人类自身的好处，并且这个目的可以在我们的本性中发现，那么，更多的神秘因素就不再必要了。在一个理性可以把握的宇宙中，神迹显得是多余的。第四，原来认为上帝在人类中有着计划，他要使人类超越当前的状况，现在这种信念也崩溃了。基督教传统中，人类常常是上帝计划的参与者，人类有一个从凡夫俗子"成圣"的过程，这也是人类的命运。现在，世俗生活成了人类生存的目的，甚至上帝也要服务于此目的。

在自然神论中，上帝的美德与仁慈已经成了一种内在于世界的东西。"这美德与仁慈已经在他所创造的世界中表达出来，在这个世界中，各种不同存在物的目的，尤其是理性存在物的目的是那么完美地连结在一起。这个世界是按这样一种目的来设计的，即每一个谋求私人福利的人也将为他人谋福利。"[45]个体与全体统一于上帝的美德，而这种美德，是每个人都已具备的，人本性上是善的。这同时也意味着，人类的善是自足的，上帝的仁慈"似乎屈从于一个纯粹用生物学的术语来定义的幸福概念。幸福是获得我们天性欲求的事物，如趋乐避苦。"[46]上帝不是善和幸福的中心，我们的本性中具备朝向普遍的善和幸福的道德情感。人类及其幸福才是宇宙间真正重要的东西，上帝是为了人类的，而不是相反。上帝的目的与人类的目的被统一到人类本性中了。

但在传统神学中，上帝的目的与人类的目的是完全不同的，两者之间有着根本的差异，耶和华说："我的意念非同你们的意念，我的道路非同你们的道路。天怎样高过地，照样，我的道路高过你们的道路，我的意念高过你们的意念。"（《以赛亚书》55：8-9）上帝的作为，正是因为我们的无法理解，

---

pp.222-223.

45 查尔斯·泰勒：《自我的根源：现代认同的形成》，韩震等译，译林出版社 2001年，第 406 页。

46 查尔斯·泰勒：《自我的根源：现代认同的形成》，韩震等译，译林出版社 2001年，第 407 页。

所以才值得相信。将上帝拉入人类理解范围的作法，无异于亵渎，因为是上帝定义人，而不是人定义上帝。所以巴特才决绝地强调上帝与人之间不可跨越的裂隙，以便恢复到正统信仰中去。人无法凭借自己的能力与上帝合一，只有上帝的恩典才让人成圣。上帝没有被人类绑架，他依然有从所创造的世俗世界中抽身而出的能力。世界因他而神圣，同样，它也可以置世界于不顾，或令其覆灭。但上帝永在，即使人类不再善良，甚至不再存在。没有上帝的爱（agapē），没有上帝的肯定，我们什么也不是。

在自然神论中，个人的善与世界的善的统一，可以看作是柏拉图主义个人与宇宙秩序相统一的变种，所不同的是，在柏拉图主义中，个人依从于整体的善，在其中找到自己的位置，然后才是善的；在自然神论中，个人的本性，犹如一个小宇宙一样，与外在的大宇宙相呼应，善是人类本性之内自足的东西。这种内在本性与宇宙秩序的一致，是浪漫主义思想的先驱。

自然神论肯定人与世界的善，认为只要按照本性与自然规则行事，就可以成就上帝的美德。故而，上帝奇迹般的介入，是不太必要的了。因为"上帝的善良性质在万物固有秩序的仁慈中显示自身。现在，不是世界的堕落，而是设计的完美成了关键的东西。人们不需要从盛行的混乱中被拯救出来，而是要学会恰当地遵循万物的设计。"[47]

我们可以概括出自然神论的三种重要主张[48]：其一，提倡有序节制、宁静而勤勉的生活，抵抗无序、纵欲、暴力和懒惰的生活；其二，肯定日常生活的重要性，反抗以"高级的生活"的名义而贬低日常生活；其三，鼓励自我本性的充分发挥，反对把本性的自爱贬低为邪恶。

自然神论的这些主张，第一点与理性主义者相亲和，都提倡一种有序的宁静生活，只是理性主义者的秩序不再是一种天意秩序，而是一种人类理性控制下的和谐。第二点和第三点，往往会被自然主义者所利用，并为人类的自然欲望大加辩护。如对日常生活的肯定被理解成为对人们日常欲望的肯定，反对高级生活的压制被理解为反对一切高尚的生活方式，尤其是宗教的生活方式；对人类的自然本性的肯定，则发展成了对于一切高于自然本性的道德本体——尤其是上帝——的否定。

---

47 查尔斯·泰勒：《自我的根源：现代认同的形成》，韩震等译，译林出版社 2001 年，第 416 页。

48 查尔斯·泰勒：《自我的根源：现代认同的形成》，韩震等译，译林出版社 2001 年，第 500 页。

自然神论其实反映了近代人类的一个努力，那就是追问上帝与世界事实上是不是一回事。对这个问题给出肯定答案的，不但有自然神论，而且还有泛神论（Pantheism）。这两者都有一个危险的倾向，那就是无神论（Atheism）。

"泛神论指的是，就其存在与本质说，上帝与现实的整体（pan）是同一的。"[49] 虽然在各种宗教文化中都可以找到泛神论的因素，但泛神论这个概念及其体系的建立，却仅仅产生于近代。卡斯培认为，在近代泛神论的思想家中，居首位的乃是布鲁诺（G.Bruno）。对他的泛神论思想形成决定性影响的，乃是文艺复兴时期的新世界观和人生观。布鲁诺的自然科学研究，使得他为这个世界本身的美与和谐所倾倒，这种新的世界图景，是与传统教会所设定的老图景相冲突的。布鲁诺在世界中看到的是无限——这个本来属于上帝的特质，从而他把上帝和世界视为同一，世界是上帝的必然展开。后来，是斯宾诺莎（B.Spinoza）发展了最为连贯的泛神论体系，他吸收了新柏拉图主义和犹太教中的神秘观念，以及文艺复兴时期新的世界观念。根据他的观点，世界不具有实体性，它仅仅是神性实体（上帝）的属性得以展现出来的有限模式；只有上帝是绝对无限的实体，并通过一系列因果关系在世界中展现出来。"这种泛神论的基本原则可化为这个公式：上帝或自然（*Deus sive natura*）。但是这个公式并没有断言一种彻底的、无差别的统一；上帝和自然仍然存在，被区分为创造自然的自然（*natura naturans*，或译'主动的自然'）和被自然创造的自然（*natura naturata*，或译'被动的自然'）。"[50] 在这个公式中，虽然上帝和自然仍然被区分开来，但上帝已经被定义为一种自然，即主动的自然。这种学说对后世影响极大，一度成为了莱辛（Gotthold Ephraim Lessing）和歌德时代看待世界的标志性宗教态度，并影响了荷尔德林（J. C. F. Holderlin）、谢林（F. W. J. Schelling）、黑格尔、施莱尔马赫等人。这种影响一直持续到当代，人们普遍设想一个决定世界的规律的上帝，而不是一个决定人类命运的上帝，尤其不是一个决定人类善的动机和知识范式的上帝。

自然神论与泛神论的区别是微小的，但它们确实是不同的思想体系，并有自己的发展理路。如果说它们最大的区别是什么，那就是自然神论还设想

---

49 卡斯培：《现代语境中的上帝观念》，罗选民译，华东师范大学出版社2008年，第35页。

50 卡斯培：《现代语境中的上帝观念》，罗选民译，华东师范大学出版社2008年，第36页。

一个超验的上帝，他是世界的创造者，而泛神论则将上帝等同为自然，是内在于世界的。这两种理路发展下去，必然的结果就是无神论。因为当上帝等同为世界之后，再保留一个超验的上帝，实在是显得多余了。如果这个上帝不能被认识，那他对我们就毫无意义，如果通过世界能认识他，那他就没有必要站在外面。从自然神论到泛神论，再到无神论，人类思维越来越变成了一种内在性的思维。

对无神论有决定性影响的，是18、19世纪的自然科学中的经验主义、感觉主义和唯物主义的自然观念。在这些自然观念的逼迫之下，上帝撤退了，他退出了科学、哲学、艺术以及日常生活的诸领域，成了落后分子、宗教人士谋生的饭碗。当然，现代的自然科学日益认识到了自身的局限，并常常在两个方面遭遇上帝，"一是当它探讨其自身的最终的预设时，这些预设本身已不再属于科学；二是当它探讨科学家面对其研究带来的后果时的伦理责任，尤其是在核子科学和遗传学领域。"[51]

另一方面，在宗教领域内，教会也在协调科学和信仰的关系，努力把科学变成可以用来护教的东西。科学无神论和教会的这种作法，都犯了一个共同的错误，那就是试图把上帝和世界置于同一个层面上，上帝变成了世界的竞争者。这既误解了上帝的绝对性，又误解了人的自由。归于上帝的任何属性都不能归入世界，只有上帝被严肃地看作是上帝时，上帝才将世界解放为世界。这是卡尔·巴特等现代神学家不断强调的。将上帝等同为世界，不仅上帝死了，而且人也失去了自由，人不再是世界的参照点，而成了世界及其物质的一种功能。或者干脆成了各种物质中的一种，是一种精密的物理机器。作为自然科学的现代心理学，就犯了这个错误，它试图在大脑的某个神经中枢中，寻找人类高兴、愤怒或嫉妒等情感的发源地；并通过一组组的实验数据，来提供证据说明。也许有一天，现代心理学可以在大脑中的某个神经中枢中，发现人类良知的发源地；当然，最好是发现上帝。

第三节 多元化与基督教信仰

如上所述，在世俗时代，人类的精神图景是多元化的，不但在世俗领域

---

51 卡斯培：《现代语境中的上帝观念》，罗选民译，华东师范大学出版社2008年，第41页。

有着众多的解放进路，而且在基督教神学内部，调和的方式也是多种多样的。在多元化的时代，基督教神学，尤其是传统的启示神学的合法性何在，是一个必须面对的问题。

一、现代精神的多元化

我们现代人生活在与以前完全不同的环境中。之前，不信仰上帝是不可能的，如果谁认为上帝是不存在的，那么他要么是出于邪恶，要么是出于怪异的幻想。就像通过眼睛看见太阳一样，在自然神论中，人们尚且可以透过自己的理性看见上帝。然而世俗化的语境下，让人们相信上帝存在，是十分困难的，甚至是不再可能的了。我们不但有不信仰上帝的自由，而且会因不信仰上帝而获得奖赏。显然，一种表面的感觉是：我们比以前任何时候都自由了。我们自己决定自己的事务，就像小孩子到了十八岁，可以自主决定自己的喜好了。但细腻的考察和内心的敏感告诉我们，摆脱了上帝的同时，我们也摆脱了与之相关的一整套道德秩序和价值体系，在一种没有上帝的苍凉中，人类对"我是谁"这个问题失语了。一种基于人类自身的大楼刚刚建好，还未来得及举办酒宴，新一轮的拆迁运动又出现了。人类在这种积木游戏中着实锻炼了智力，然而对于人类获得道德上的安宁和幸福感毫无益处。

对上帝的不信成了理所当然的，我们常常称这种变化为历史的演进，但这种理解方式，其实是一种未经分析的方式，即断定宗教如万事万物一样，总有它的开始和终结，这尤其是一种基于对生物界的经验观察之上的归纳方法，现在我们知道，归纳法并不具有普适性。在经验观察之上，人们进一步归纳了两种促进宗教衰败的因素：一种是现代社会的大规模制度变化，如工业化、日常生活中的技术变革、集约化和流动性，它们共同破坏了一切传统的生活形式，当然包括宗教。另一种是科学和教育的传播。在这种看法中，一方面有着意识形态的偏见，"持这种偏见的人通常想当然地认为宗教信仰是非理性的、愚昧的或非科学的。"[52]他们的另一方面的偏见是，旧事物是落后的，在历史的潮流中，必然被新事物，同时也是进步的事物所取代。这就是现代人的历史主义的偏见，认为历史必然有一个朝向进步的方向。马克思

---

52 查尔斯·泰勒：《自我的根源：现代认同的形成》，韩震等译，译林出版社 2001年，第 475 页。

的思想就是最著名的代表。这种历史进步论与基督教的末世论思想有隐秘的关联。这方面的论述可参见卡尔·洛维特的《世界历史与救赎历史：历史哲学的神学前提》。

通过对世俗化的考察，我们知道，自我认同的框架，即自我所处身其中的道德地形图，发生了根本的变化。而它之所以发生变化，是因为我们对具有统领意义的道德根源的理解发生了变化。外在的道德根源，如上帝、理念等，被内在化了，成了我们内部理性的或本性的东西。这使得我们的自我认同面临着巨大的危机。我们无法回答"我是谁"这个问题了，因为对理性和本性，我们有着众多不同的理解。

理性和本性是我们对道德根源的两种新理解，"或者也可以更恰当地说成是道德探究的两个'新领域'，"[53]这两个新领域，可以帮助我们对世俗化的自我认同方式有一个系统化的理解。而且，透过这两种不同思路的冲突和融合，也可以更深切地领会现代自我认同的难题之所在，"意识到作为一个理性支配的分解式主体，也是一个点状自我，伴有一种作为理性主体的尊严感，甚至受这种尊严感所推动。"[54]这种尊严感与自由，经过启蒙运动，在康德那里得到了新的强调：道德哲学的关键，乃在于自律，而不是他律和神律。人为自然立法。而随后的浪漫主义秉持着本性的大旗，反对启蒙主义仅把人看做理性的，也反对唯一的以理性为基础的哲学。在没有创造者的情况下，人依其本性而有所作为。本性趋向于善，并在自然中与各种事物的本性联结在一起，成就最大的和谐与善。

分解式主体通过占据上帝的位置，排斥了上帝，自己扮演了上帝的角色。但它忽视或有意否认了上帝创造的实实在在的世界，甚至我们自己的肉身。它可以解释我们是如何得知花朵是芳香的，但它拒绝回答花朵为什么是芳香的。本性自然则通过占据神造自然的位置，拒斥了上帝。人类的本性是中心，如果考虑上帝的话，"上帝的善在于上帝屈尊于追求人类利益的实现。"[55]它多数时候，仅依据本性之善就可以回答一切问题，自圆其说。而当被问到本

---

53 查尔斯·泰勒：《自我的根源：现代认同的形成》，韩震等译，译林出版社 2001年，第 481 页。

54 查尔斯·泰勒：《自我的根源：现代认同的形成》，韩震等译，译林出版社 2001年，第 481 页。

55 查尔斯·泰勒：《自我的根源：现代认同的形成》，韩震等译，译林出版社 2001年，第 482 页。

性何以为善时，才请出上帝来，说是天赋如此。这个完美的圆上如此就多出了"上帝"这颗良性肿瘤，不再那么好看了，这就是所谓的自然神论。

彼得·贝格尔认为，世俗化使得人们对宗教产生了"信仰危机"，"换言之，世俗化引起了传统宗教对于实在的解释之看似有理性的全面崩溃。"[56]这种崩溃即表现在社会结构层面上，又表现在意识层面上。查尔斯·泰勒的任务，正在于要探讨在意识层面上，宗教对实在的解释是如何崩溃的，以及在崩溃之后，种种新的世俗性的解释是如何建立的，并指出这些世俗性的解释在回答"我是谁"这个问题时，往往是捉襟见肘的。

贝格尔指出，宗教合理性解释的崩溃，按事实来讲，首先是发生在社会结构层面的，然后才发生在意识和观念层面上。而不能因为有宗教倾向，而断定世俗化首先发生在意识领域，并将世俗化仅仅断定为精神上的堕落。世俗化在开始使用时，仅仅是描述现实状况的一个中性概念。"世俗化最初发生在经济领域，尤其是那些由于资本主义过程和工业过程而形成的经济部门。"[57]然后由经济领域，世俗化才日益扩展到其他领域，如政治和意识领域。也就是说，世俗化以经济领域为中心，其他领域依据与经济领域关系的远近，而发生着不同程度的世俗化，例如英国，在经济上迈上了现代工业化的道路，而在政治上，却依然对其政治秩序进行着传统"宗教式"的论证。各种领域的世俗化状况，依据各国的具体情况，各不相同。但一个共同的结果是：宗教不再是各个领域进行合理化论证的唯一方式了。而且某些领域即使依然在进行宗教合理化论证，也绝不是权威性的了，而成了一种商讨。如果说宗教还在世俗时代起一定作用的话，那么，在公共领域，它主要作为一种修饰，虽然具有共同性，却失去了其实在性；在私人领域，则主要体现为个体的德行，虽然具有实在性，却没有共同性。"这种情况代表着宗教的传统任务的彻底分裂，而宗教的传统任务恰恰是要确立关于实在的一套完整的解释，这套解释能为社会成员提供共同的意义世界。"[58]宗教所建立的共同的意义世界的崩溃，使得各种非宗教的解释世界的方式群起，它们都有一套在

---

56 彼得·贝格尔：《神圣的帷幕：宗教社会学理论之要素》，高师宁译，何光沪校，上海人民出版社 1991 年，第 151 页。

57 彼得·贝格尔：《神圣的帷幕：宗教社会学理论之要素》，高师宁译，何光沪校，上海人民出版社 1991 年第 153 页。

58 彼得·贝格尔：《神圣的帷幕：宗教社会学理论之要素》，高师宁译，何光沪校，上海人民出版社 1991 年第 159 页。

程序上没有错误的合理化论证的方式。其中组织性较强的如各种各样的革命和民族主义的意识形态运动；较散漫的如个人主义、自由主义、性解放、女权主义等。它们一起构成了"宗教外部的多元化"。

"多元化"最初指美国，在那里，不同的宗教集团都可以得到国家的宽容（而不是限制），都可以进行自由的竞争。各种宗教就像商贸活动中的卖家一样，都极力推销自家的产品，以便争取更多人的忠诚。这种竞争不仅发生在不同的宗教传统之间，而且也发生在同一传统下的不同宗派之间，如天主教和新教。这种状况，可以称之为"宗教内部的多元化"，它与"宗教外部的多元化"一起，型塑着现代人的意识领域。

我们的价值观、认同方式，天然地是"多元化"的，一个现代人接受了哪种宗教信仰，赞同于哪种政治制度，对自己的身份认同，都具有偶然性、可变性和多种可能性。

二、宗教信仰的多元化

早在 1901 年，威廉·詹姆士接受英国爱丁堡大学的邀请，作了连续二十次的吉福德演讲（Gifford Lectures），后整理为《宗教经验之种种》一书。在本书的最后一讲"结论"中，詹姆斯总括了宗教生活的几个根本特性：

"一、有形世界是一个更具精神性的世界之一部分，前者是从后者取得它的主要意义的；

"二、与这个更高尚的精神世界会合或有和谐的关系，是人生的真正目的；

"三、在祈祷，或与这个世界的精神（无论这个精神是'上帝'或是'法则'<law>）作内心的感通这种过程之中，实实在在有工作完成，并且有精神的能力流进现象世界内，并在其中发生心理的或物质的效果；"[59]

詹姆士这里的讨论，指出了宗教的神圣世界与日常的世俗世界之间的关系，这也没什么特别之处。因为对这种关系的讨论，几乎所有关注宗教生活的学者都会涉及到，如奥托（Rudolf Otto）的《论"神圣"》[60]和米尔恰·伊

---

[59] 威廉·詹姆士：《宗教经验之种种：人性之研究》，唐钺译，商务印书馆 2004 年，第 483 页。

[60] Rudolf Otto: *The Idea of the Holy*, Translated by John W. Harvey, Oxford University Press, 1923. 中译本见鲁道夫·奥托：《论"神圣"》，成穷、周邦宪译，四川人民出版社 1995 年。

利亚德的《神圣与世俗》[61]、《神圣的存在：比较宗教的范型》[62]等。总起来说，神圣所揭示的，是不同于世俗的一个绝对的现实，它超越于世俗之上，却给予世俗以现实性和意义，把世俗从虚无中拯救出来。神圣具有自我显现的能力，并且往往是以人类的意志和理性所不能理解的方式显现。

詹姆士独到的地方，在于以下观点。他认为，我们不可能假定一切人的生活都应该表现为相同的宗教成分。"人之中没有两个有相同的困难，也不应该期望他们求得相同的解决。每人由他的特殊观察点，遇到某一范围内的事实和烦难，这种事实与烦难，是每人必须以独一无二的方式应付的。"[63]可能这个人应该变得柔顺，而那个人则应该变得强硬；这个人应该让步，那个人则应该坚定立场；可能这个人需要一个战争之神，而那个人则需要一个和平之神；德性有缺失的，则要克己，德性健全的，则不必克己；灵魂是病态的，需要救赎，而健全的灵魂，则不需要救赎。总之，每个人依据自己的情况，会选择不同的宗教信仰。神圣不是指单一的德性，而是指一批德性。

因为宗教是最最关乎私己的事情，必须由个人的体验，尤其是情感方面的需求，决定选择哪一种宗教。那种将宗教信仰处理成科学的形式，追求对人类命运的普遍解决的方法，往往是无关痛痒的。科学到最后都是完全排斥私人的观点的，科学有它的构成元素、定律、框架等，唯独与对生死的忧虑和对命运的关怀无关。我们越少采用私人的方式，就越是科学的，就越是脱离落后的宗教遗俗的进步者。詹姆士认为科学这种不关私己的性质，虽然会鼓励一种大度，但同时也会滋生一种肤浅。因为这种大度是对私己性体验的冷漠，而通过私己性所体验到的，往往是实在的真相。实在的世界往往是通过这种私己性的轴被串联在一起的。"个人的宗教也许是私己主义的，并且它保持接触的那些私人的实在也许是很狭窄的；可是无论如何，就它所及的范围论，它总还比一个以绝不管任何私己之事自豪的科学无数倍地不空虚，

61　Mircea Eliade: *The Sacred and the Profane: the Nature of Religion*, Translated by Willard R. Trask, Harper &Row, Publishers, 1959. 中译本见《神圣与世俗》，王建光译，华夏出版社 2002 年。

62　Mircea Eliade: *Patterns in Comparative Religion*, Translated by Rosemary Sheed, The Word Publishing Company, 1963. 中译本见《神圣的存在：比较宗教的范型》，晏可佳、姚蓓琴译，广西师范大学出版社 2008 年。

63　威廉·詹姆士：《宗教经验之种种：人性之研究》，唐钺译，商务印书馆 2004 年，第 485 页。

不抽象。"[64]

有一种解决方法，主张大家脱离具体的宗教，而通通信奉一种具有普遍性的宗教学（science of religions）。詹姆士认为，这是一种混淆。虽然宗教学是关于宗教的知识，它作为一门科学，会对一切关于宗教的原因和成分有一个知识性的理解，并指出宗教中有哪些德性是具有真理的资格的。但关于某物的知识并不是某物自身。"对于人生的知识，是一件事，有效地在人生内占一个地位，让人生的活动性的潮流通过你这个人，是另一件事。"[65]宗教学学者有可能不但不能真正地进入宗教信仰，而且会因为知识的广博，将各种宗教作为口袋里的玻璃球进行把玩。另外，宗教学学者有可能最后会对宗教产生反感，因为宗教学作为一门科学，它使用的方法乃是理性，追求的乃是普遍性，这与宗教信仰的非理性和私己性是相对立的。这就是为什么宗教学学者往往不是宗教信徒的原因之一。这同时也是宗教信徒，或者宗教教义的研修者——如神学院的神学家和圣经学家——往往对宗教学学者表示不信任的原因。20世纪90年代关于"文化基督徒"是不是基督徒的争论，其实就属于这一类。这些文化基督徒其实就是指没有接受洗礼的、研究基督教的宗教学学者。

总之，詹姆士认为寻求一种普遍性的宗教信仰是不可能的，一旦追求普遍性，它就不是宗教信仰了，而成为了一种科学，即宗教学。宗教信仰永远是最最私己性的，而正是这种私己性，使得人们触摸到了实在，克服了抽象和虚空。但由于每个人所面临的困境不同，他所采用的信仰形式也会不同，所触摸到的实在也会不同。明确地说，詹姆士其实是在指出一种宗教信仰的多元性，这种多元性尤其是在与科学精神的对立中彰显出来，也就是说，在现代社会中彰显出来。多元化的宗教信仰也是现代人自由选择的结果。

大约在一百年后，即在1999年的春天，同样是在爱丁堡大学的吉福德讲座，查尔斯·泰勒发表了关于世俗时代的思考，以求探讨我们是如何走上这条道路的。在2000年春天，泰勒受"维也纳人文科学协会"（Institute for Human Sciences in Vienna）邀请，为纪念汉斯·伽达默尔诞辰，发表了系列讲座，并结集为《当今宗教的多元化：重访威廉·詹姆士》一书。泰勒认为，

---

64 威廉·詹姆士：《宗教经验之种种：人性之研究》，唐钺译，商务印书馆2004年，第492页。

65 威廉·詹姆士：《宗教经验之种种：人性之研究》，唐钺译，商务印书馆2004年，第486页。

詹姆士的《宗教经验之种种》是一本十分丰富和庞杂的书，它包括了宗教信仰的心理学、皈依、圣徒性、神秘主义、潜意识等诸多讨论。但泰勒所着重于讨论的，是一个特殊的问题，即询问当今宗教究竟占有什么样的地位。泰勒认为，詹姆士所描述和分析的情况，不仅适用于一百年前，它简直就是针对于现时代的。但泰勒同时也指出了詹姆士关于宗教经验定义的狭隘，并指出他之所以这样定义，乃是被"重生"（twice-born）这个概念所推动着的，即他看中的是私己性的内在更新。

在詹姆士看来，第一，"真正的宗教只存在于私己体验中，而不是在团体生活中。"[66]詹姆士首先将宗教定义为私己性的经验，并将这种私己性的宗教经验与公共的教会生活区分开来。他认为那种初始的私己体验，即个人在孤独的情况下所体验到的与神圣者的相遇，以及这种体验的持续，才是首要的宗教特质。那种从教会等继承下来的公共传统，并不是真正重要的，它们往往与虚伪、专横、吝啬、迷信等联系起来。所以詹姆士认为，一旦内在性的宗教体验变成了一种正统观念，它的活力也就结束了。第二，"宗教真正的场所乃在于'体验'，即感情中，而不是在人们的规定、证明、理性化等清晰定义中。后者显然是常常被教会所采用的方式。"[67]

泰勒认为这种对原初性的私己体验的强调，在拉丁基督教世界是有着几个世纪的传统的。中世纪以来，这种私己性越来越被看重，起先，这种私己性体现在公共仪式之外的个人承诺和献身之中。到了新教改革中，随着宗教仪式和外在实践重要性的降低，个人的内在体验被提高到了十分重要的地位。所以宗教的私己性体验不仅发上在教会之外，而且同样发生在传统基督教教会之内。依此可以得出的一个结论就是，宗教信仰的意义和形式，在传统教会之内和之外，都将呈现出一种私己性，并因这种私己性的多样化，而最终成为一种"多元化的宗教信仰"状态。所以泰勒认为，不论詹姆士在具体意见上有多少偏颇之处，他的最终的结论是可以被认可的，那就是宗教信仰已经多元化了。

---

66 Charles Taylor: *Varieties of Religion Today: William James Revisited*, Harvard University Press, 2003, p.7.

67 Charles Taylor: *Varieties of Religion Today: William James Revisited*, Harvard University Press, 2003, p.7.

三、多元化与基督教信仰

在当今世俗化的、多元化的精神图景中，基督教信仰的合法性何在？神学能否突破世俗观念的重围，是基督徒所面临的一大挑战。

贝格尔曾经为神学指明过一条现代出路，即，从日常生活的经验中，找到一条通向超出经验范围的信仰之路。他既不赞同自由主义神学从人到上帝的人类学的道路，因为自由主义神学的乐观在社会现实面前充分显露了它的浅薄与乌托邦性质，而不像是真正的神学；他也不欣赏以卡尔·巴特为代表的新正统主义只强调上帝的恩典与启示的反人类学的道路，虽然后来有些新正统主义者，如布鲁内尔（E. Brunner），对此有所修正。但新正统主义整体上依然倾向于强调人类的"失落"、"不幸"、"绝望"等，似乎新正统主义是一种"绝望神学"。贝格尔指出，存在主义人类学的阴暗性似乎十分合乎新正统主义的这种口味，两者的结合便可以产生一种新式的存在主义神学。考克斯的《世俗之城》再次转向了对人类学的愉快的接纳，"人际交往的世界又一次被视为有目的的人类改善活动的场所，而不是无益的泥沼"[68]。在这个场所中，道德的基调虽不再倾向于先前的悲观，但却过于承认人间的享乐，结果达到了一种对世俗化的赞扬。贝格尔似乎更愿意回到以人类学为出发点的神学，但不是一种短暂的、情绪性的乐观，也不是一种对世俗化的激进肯定，而是要扎根于人间的基本体验，指出一条不受文化情绪影响的天堂之路。"我认为，神学思想应从经验角度给予的人类环境内，寻求可以被称为超验之表征（signals of transcendence）的东西。……我所说的超验之表征，意指能在我们的'自然'实在范围内发现，而看来却指向实在之外的现象。"[69]或者说，贝格尔相信，上帝在人间留下了一些记号（singals），这些记号构成了人类的本性，通过考察人类的本性，一旦认出这些记号，就可以知道上帝的存在了。

对泰勒来说，这个人类经验中的记号，就是人类之所以知道自己是谁，即人类的自我认同所揭示出来的东西，即道德地形图中的超善，或者干脆就是道德地形图本身。

---

68 彼得·贝格尔：《天使的传言：现代社会与超自然再发现》，高师宁译，何光沪校，中国人民大学出版社 2003 年，第 63 页。

69 彼得·贝格尔：《天使的传言：现代社会与超自然再发现》，高师宁译，何光沪校，中国人民大学出版社 2003 年，第 63 页。

贝格尔称他自己这种从人类经验出发到达关于上帝的命题的方法，为"归纳信仰"（inductive faith）。贝格尔说："我用归纳一词来指任何一种以经验为出发点的思想过程。演绎是相反的过程，它以先于经验的观念为开端。因此，我所说的'归纳信仰'意指一种宗教性的思想过程，它以人类经验的事实为开端。而'演绎信仰'却正相反，它以某种假设为开端（尤其是关于神圣启示的假设），这些假设不能通过经验来检验。简言之，归纳信仰是从人的经验出发到关于上帝的命题，演绎信仰则从关于上帝的命题出发来解释人的经验。"[70]贝格尔自己承认说，他的这个方法天然地接近神学自由主义，但已不是第一次世界大战前那种盲目乐观的自由主义神学了，而是采取了更为审慎的态度。他似乎试图调解保守神学与自由神学之间的冲突，认为他们都有偏颇之处，同时也都误解了对方的用心。他在使用归纳信仰的方法的同时，也强调了要面对传统。一方面，因为在思考一些神学基本问题时，传统有着巨大的借鉴力量，出于谨慎和谦虚，我们也应该正视传统。另一方面，因为从历史上的一切人类经验中，都有可能发现通往上帝之道的"超验之表征"。也可以说，人类传统中的一切秩序，都是一种"超验之表征"。所以贝格尔主张"神学思考必须在普世主义意识中进行，在我们目前的多元化环境中，在宗教方面只停留在自己人之间已变得越来越困难了。"[71]同样，对泰勒来说，宗教问题的考察也是在一种多元文化背景中进行的。但关键之处在于，在这些多元背景中，把握住其基本的性格特质，如世俗化及其对人类生存意义的影响，才是澄清混乱，找到方向的另一条明路。贝格尔虽然指出了有一种"超验之表征"的经验，但人类的"非超验"的经验及其后果，却是没有考察的。

1996 年 1 月，查尔斯·泰勒荣获天主教圣母会奖（Marianist Award），并在戴顿大学（the University of Dayton）的颁奖仪式上发表了题为《天主教的现代性？》（*A Catholic Modernity?*）的演讲，第一次公开宣布自己天主教徒的身份，并试图探讨天主教信仰与现代性问题。泰勒的用意，乃在于调和天主教神学与现代多元文化，尤其是与世俗文化之间的紧张关系。泰勒认为，天主教应该去接触各种民族的文化，天主教徒应该有全球性的宽广视野，并使得

---

70 彼得·贝格尔：《天使的传言：现代社会与超自然再发现》，高师宁译，何光沪校，中国人民大学出版社 2003 年，第 69 页。

71 彼得·贝格尔：《天使的传言：现代社会与超自然再发现》，高师宁译，何光沪校，中国人民大学出版社 2003 年，第 97 页。

各种文化与天主教信仰相适应。这并不违背天主教的原意，因为天主教（catholic）的希腊文是 katholou，它的意思是"全宇宙的"和"普遍的"，泰勒在两种相互关联的意义上来分析这个词，即它"同时包含有普遍性（universality）和整全性（wholeness）两个含义，或者可以说，它是通过整全性实现的普遍性。"[72]泰勒认为，救赎的发生是通过道成肉身，即上帝的生命进入到了人类的生活，但是，人类的生活方式是多种多样的、复杂的，是不可彼此替代的。那么道成肉身的救赎，就提供了一种和解的方式，一种合一的途径。通过这种途径，多元化的存在者意识到他们通过自身不能达到整全性，彼此的互补是必要的，而那种认为自己是最终的不变者的态度是不可取的。"或者我们可以指出：彼此的补充和完成的同一都是我们最终达到整全者的一部分。"[73]这不同于历史主义的态度，历史主义往往忽略了互补性，而直接走向单一性（sameness），使得人们尽可能地走向一种"好的天主教"（good Catholics）；但是，却往往走向了一种失败的天主教，因为这种单一性，不是整全的。为了获得这种单一性，上帝所创造的人类的多样性被压制了。单一性冒充了整全性，所以这种主张下的天主教，不是真正的天主教。

泰勒认为天主教应该是"跨越差异的整体"（unity-across-difference），而不应该是"同一性的整体"（unity-through-identity）。天主教应该面对各种人类的多样性，上帝不仅体现为三位一体的显现，也体现在人间生活的多样性上面。在泰勒看来，天主教的一项原则，是信仰的拓宽，这种拓宽不仅仅是奉献形式、精神形式、敬拜仪式和对道成肉身的反应形式的增加，而是信仰在多种文化形态中的对话、融合和显现。泰勒于是举出了现时代初期在中国和印度传播信仰的耶稣会士，如四百年前来到中国的利玛窦（Matteo Ricci），先后学习了佛教和儒家经典，并且与中国的高僧和鸿儒积极往来，和李贽、徐光启等人相交甚厚，在赢得明朝士大夫信任的同时，将基督教信仰通过一种新的途径彰显出来。

对于现代人来说，其中一个优势乃是，我们生活在众多的基督教生活形式的复兴中，这些先于我们存在的精神领域，可以补足我们自身的狭隘，提醒我们自身的偏颇，以便走在通往整全性的道路上。这就是泰勒所指出的"现

72 Charles Taylor: *A Catholic Modernity?*, Oxford University Press, 1999, p.14.
73 Charles Taylor: *A Catholic Modernity?*, Oxford University Press, 1999, p.14.

代天主教"的可能性。这是一种面向所有的人类文明的开放态度。

但是这里有一个困难，那就是开放的现代天主教，是泰勒向天主教开列的药方，这个药方或许会激励着天主教徒以更加开放的态度对待多元文化；但对于天主教之外的现代人，尤其是无宗教信仰的世俗中人，这套方案是没有任何效力的。所以，或许哈贝马斯等人所主张的，在哲学和公共理性的基础上建立诸文化之间的对话，才是更加现实的。

也许泰勒一度认识到了这个困境，所以在后来的著作中，他不再直接倡导一种基督教基础上的多元对话，而是更加侧重于分析世俗时代的精神危机，指出基督教信仰在意义缺失的时代，所能提供的价值重建和自我认同的作用。

泰勒晚年的《世俗时代》，首先清理了世俗化问题，因为对于这个问题，过多偏激的、未经审查的意见，代替了清晰的论证。这个问题被无限扩大化了，由此而来的讨论，也越来越混乱了，从而妨碍了人类对自身精神处境的理解。其次，泰勒宏阔而细致的思想史的梳理，也正是基于对人类精神重建的考虑，指出重建过程中所出现的偏激事件。泰勒的良苦用心，恐怕还在于，在梳理种种被夸大的历史进程时，在辨析道德境况的困境时，提醒人们，基督教信仰在多元化时代守护人类精神家园的价值所在。

泰勒将现代社会的祛魅理解为化减（subtraction）。所谓化减，就是不再讨论道德本体（超善、上帝），人类中心主义（anthropocentricism）或唯我独尊的人本主义（exclusive humanism）成了为价值提供基础的唯一场所。这也正是价值多元化的原因。但是，需要审慎对待的是，当代社会也不可以理解为单一的，破坏神圣性的进程。理性主义新的象征、浪漫主义夸张的后现代形态、种种新兴宗教的崛起，都说明了人们对神圣性的渴望，以及神圣性对于人类寻求完整性具有不可回避的重要性。

基督教信仰中的上帝，不仅仅是一种道德根源。如果仅仅将上帝理解为一种抽象的道德根源，在我们面对超善的行为中，就只剩下了"尊重"，而缺少了"爱"，尤其是上帝对于人类的主动的"圣爱"（agapē）。而对于上帝的尊重，也极易转换成对于人类内部的道德法则的尊重。对于非位格的神圣者的信仰，往往带有浪漫主义的色彩。这种浪漫主义，在追求神圣者或实现人类的完满的过程中，对人类的日常欲求表示厌恶，不满足于人类本身的有限性，从而，对本来如此的人类生活表示否定。

　　另外，自我与他者的对话，是走出封闭的内在框架的一条出路；同样，自我与具有位格的上帝的对话，尤其是上帝对自我主动言说的方式，也是走出封闭性自我的藩篱的出路。即使他者缺场时，由于上帝的在场，也会使自我不再是孤立的个体。

　　在我们的时代，信仰或者不信，以及两者的对立，都不是我们的真实的处境。实际上情况要复杂的多。这对于我们作为人类，如何界定最高的精神的和道德的诉求，带来了困惑。但是，寻求整全性却是我们逃脱不掉的本性；整全性也是现代人寻求更开阔的生存和言说方式的前提。基督教信仰的一个特质，就是保守这种人类的整全性。其核心性的断言，即"道成肉身"（incarnation），上帝成为了人的形象，使得神圣与世俗，有限与无限的结合成为了可能。

　　基督教信仰，是自我向超验者敞开的一种生活态度，或者说，这是一种自我认同和表达的途径。这种途径的意义，也许不再向所有人提供一种普遍认可的基础，而仅仅作为众多选择中的一种，在尊重和爱的基础上，面对他者，选择自我的言说姿态。这种姿态，不但对人类独立承担道德义务表示尊重，而且对于爱和被爱表示回应。这种自我，不再是戒备森严的自我，而是敞开的自我。正是由于这种敞开的态度，使得自我可以在更加开阔的层面上，期待一种圆满的图景，并能优美地自我表达。

参考文献

查尔斯·泰勒的著作

1. Charles Taylor: *The Explanation of Behaviour*, Routledge and Kegan Paul, 1964.

2. Charles Taylor: *The Pattern of Politics*, McClelland and Stewart Limited, 1970.

3. Charles Taylor: *Hegel*, Cambridge University Press, 1975.

4. Charles Taylor: *Hegel and Modern Society*, Cambridge University Press, 1979.

5. Charles Taylor: *Social Theory as Practice*, Oxford University Press, 1983.

6. Charles Taylor: *Human Agency and Language: Philosophical Papers I*, Cambridge University Press, 1985.

7. Charles Taylor: *Philosophy and Human Sciences: Philosophical Papers II*, Cambridge University Press, 1985.

8. Charles Taylor: *Sources of the Self: The Making of the Modern Identity*, Harvard University Press, 1989.

9. Charles Taylor: *The Ethics of Authenticity*, Harvard University Press, 1992. (Originally published in Canada in 1991 under the title *The Malaise of Modernity*)

10. Charles Taylor: *Multiculturalism and "The Politics of Recognition"*, Princeton University Press, 1992.

11. Charles Taylor: *Reconciling the Solitudes: Essays on Canadian Federalism and Nationalism*, McGill-Queen's University Press, 1993.

12. Charles Taylor: *Multiculturalism: Examining the Politics of Recognition*, Princeton University Press, 1994.

13. Charles Taylor: *Philosophical Arguments*, Harvard University Press, 1995.

14. Charles Taylor: *A Catholic Modernity?*, Oxford University Press, 1999.

15. Charles Taylor: *Varieties of Religion Today: William James Revisited*, Harvard University Press, 2003.

16. Charles Taylor: *Modern Social Imaginaries*, Duke University Press, 2004.

17. Charles Taylor: *A Secular Age*, Harvard University Press, 2007.

18. 〔加〕查尔斯·泰勒：《黑格尔》，张国清、朱进东译，南京：译林出版社 2002 年。

19. 〔加〕查尔斯·泰勒：《黑格尔与现代社会》，徐文瑞译，台北：联经出版事业公司 1999 年。

20. 〔加〕查尔斯·泰勒：《现代性之隐忧》，程炼译，北京：中央编译出版社 2001 年。

21. 〔加〕查尔斯·泰勒：《自我的根源：现代认同的形成》，韩震等译，南京：译林出版社 2001 年。

其他相关著作

1. James Tully: *Philosophy in an Age of Pluralism: The Philosophy of Charles Taylor in Question*, Cambridge University Press, 1995.

2. Ruth Abbey: *Charles Taylor*, Acumen Publishing Limited, 2000.

3. Mark Redhead: *Charles Taylor: Thinking and Living Deep Diversity*, Rowman and Little Field Publishing Limited, 2002.

4. Nicholas H. Smith: *Charles Taylor: Meaning, Morals and Modernity*, Polity , 2002.

5. Ruth Abbey: *Charles Taylor*, Cambridge University Press, 2004.

6. Ian Fraser: *Dialectics of the Self: Transcending Charles Taylor*, Imprint Academic, 2007.

7. Robert G. Sibley: *Northern Sperits: John Watson, George Grant, and Charles Taylor-Appropriations of Hegelian Political Thought*, Mcgill-Queen's University Press, 2008.

8. Peter L. Berger: *The Sacred Canopy: Elements of a Sociological Theory of Religion*, Doubleday & Company, Inc. 1967.

9. Peter L. Berger: *A Rumor of Angels: Modern Society and the Rediscovery of the Supernatural*, Doubleday & Company, Inc. 1969.

10. Harvey Cox: *The Secular City*, The Macmillan Company, 1965.

11. Rudolf Otto: *The Idea of the Holy*, Translated by John W. Harvey, Oxford University Press, 1923.

12. Mircea Eliade: *The Sacred and the Profane: the Nature of Religion*, Translated by Willard R. Trask, Harper &Row, Publishers, 1959.

13. Mircea Eliade: *Patterns in Comparative Religion*, Translated by Rosemary

Sheed, The Word Publishing Company, 1963.

14. Emil Brunner: *The Divine Imperative*, Lutterworth Press, 2002.

15. David Tracy: *The Analogical Imagination: Christian Theology and the Culture of Pluralism*, The Crossroad Publishing Company, 2002.

16. Willanm H. Swatos, Jr. and Kecin J. Christiano: "Secularization Theory: The Course of a Concept", in *Sociology of Religion*, Vol. 60, No. 3 (Autumn, 1999), pp.209-228.

17. Kosmin, Barry A.: "Hard and soft secularists and hard and soft secularism: An intellectual and research challenge." Society for the Scientific Study of Religion Annual Conference, October 19-21, 2006, Portland, Oregon.

18. 〔意〕圣多玛斯·阿奎那:《神学大全》,周克勤等译,台南:碧岳学社,高雄:中华道明会,民国 97 年。

19. 〔古罗马〕奥古斯丁:《上帝之城》,王晓朝译,北京:人民出版社 2006 年。

20. 〔古罗马〕奥古斯丁:《忏悔录》,周士良译,北京:商务印书馆 1963 年。

21. 〔德〕马丁·路德:《路德文集》,路德文集中文版编辑委员会编,上海:上海三联书店 2005 年。

22. 〔法〕约翰·加尔文:《基督教要义》,钱曜诚等译,北京:生活·读书·新知三联书店 2010 年。

23. 〔德〕马丁·开姆尼茨:《基督的二性》,段琦译,南京:译林出版社 1996 年。

24. 〔德〕韦伯:《宗教社会学》,康乐、简惠美译,桂林:广西师范大学出版社 2005 年。

25. 〔德〕韦伯:《新教伦理与资本主义精神》,康乐、简惠美译,桂林:广西师范大学出版社 2007 年。

26. 〔法〕爱弥儿·涂尔干:《宗教生活的基本形式》,渠东、汲喆译,上海:上海人民出版社 1999 年。

27. 〔德〕西美尔:《宗教社会学》,曹卫东译,上海:上海人民出版社 2003 年。

28. 〔德〕西美尔:《货币哲学》,陈戎女等译,北京:华夏出版社 2002 年。

29. 〔美〕彼得·贝格尔:《神圣的帷幕:宗教社会学理论之要素》,高师宁译,何光沪校,上海:上海人民出版社 1991 年。

30. 〔美〕彼得·贝格尔:《天使的传言:现代社会与超自然再发现》,高师宁译,何光沪校,北京:中国人民大学出版社 2003 年。

31. 〔美〕彼得·伯格:《世界的非世俗化:复兴的宗教及全球政治》,李骏康译,上海:上海古籍出版社 2005 年。

32. 〔加〕纪克之:《现代世界之道》,刘平、谢燕译,北京:北京大学出版社 2010 年。

33. 〔德〕卡斯培:《现代语境中的上帝观念》,罗选民译,上海:华东师范大学出版社 2008 年。

34. 〔德〕恩斯特·特洛尔奇:《基督教理论与现代》,朱雁冰等译,北京:华夏出版社 2004 年。

35. 〔德〕詹姆斯·C.利文斯顿:《现代基督教思想:从启蒙运动到第二届梵蒂冈公会议》,何光沪译,成都:四川人民出版社 1999 年。

36. 〔德〕鲁道夫·奥托:《论"神圣"》,成穷、周邦宪译,成都:四川人民出版社 1995 年。

37. 〔美〕米尔恰·伊里亚德:《神圣的存在:比较宗教的范型》,晏可佳、姚蓓琴译,桂林:广西师范大学出版社 2008 年。

38. 〔美〕米尔恰·伊里亚德:《神圣与世俗》,王建光译,北京:华夏出版社 2002 年。

39. 〔美〕米尔恰·伊里亚德:《宗教思想史》,晏可佳、吴晓群、姚蓓琴译,上海:上海社会科学院出版社 2004 年。

40. 〔美〕威廉·詹姆士:《宗教经验之种种:人性之研究》,唐钺译,北京:商务印书馆 2002 年。

41. 〔美〕罗德尼·斯达克、罗杰尔·芬克:《信仰的法则:解释宗教之人的方面》,杨凤岗译,北京:中国人民大学出版社 2004 年。

42. 〔美〕罗德尼·斯达克、威廉姆·希姆斯·本布里奇:《宗教的未来》,高师宁、张晓梅、刘殿利译,北京:中国人民大学出版社 2006 年。

43. 〔德〕J.B.默茨:《历史与社会中的信仰:对一种实践的基本神学之研究》,朱雁冰译,北京:生活·读书·新知三联书店 1996 年。

44. 〔德〕马丁·布伯:《我与你》,许碧瑞译,香港:基督教文艺出版社 1974 年。

45. 〔英〕牛顿:《牛顿自然哲学著作选》,H.S.塞耶编,王福山等译,上海:上海译文出版社 2001 年。

46. 〔德〕康德:《单纯理性限度内的宗教》,李秋零译,北京:中国人民大学出版社 2003 年。

47. 〔德〕康德:《历史理性批判文集》,何兆武译,北京:商务印书馆 1990 年。

48. 〔德〕黑格尔:《精神现象学》,贺麟、王玖兴译,北京:商务印书馆 1979 年。

49. 〔德〕黑格尔:《宗教哲学》,魏庆征译,北京:中国社会出版社 1999 年。

50. 〔德〕黑格尔：《历史哲学》，王造时译，上海：上海书店出版社 2001 年。

51. 〔德〕黑格尔：《哲学史演讲录》（第三卷），贺麟、王太庆译，北京：商务印书馆 1959 年。

52. 〔德〕黑格尔：《哲学史讲演录》（第四卷），贺麟、王太庆译，北京：商务印书馆 1978 年。

53. 〔德〕尤尔根·哈贝马斯：《现代性的哲学话语》，曹卫东译，南京：译林出版社 2004 年。

54. 〔德〕尤尔根·哈贝马斯：《后形而上学思想》，曹卫东、付德根译，南京：译林出版社 2001 年。

55. 〔德〕尤尔根·哈贝马斯：《交往行动理论》，洪佩郁、蔺菁译，重庆：重庆出版社 1994 年。

56. 〔德〕雅斯贝斯：《时代的精神状况》，王德峰译，上海：上海译文出版社 2008 年。

57. 〔德〕卡西尔：《启蒙哲学》，顾伟铭、杨光仲、郑楚宣译，济南：山东人民出版社 2007 年。

58. 〔德〕马克斯·霍克海默、西奥多·阿道尔诺：《启蒙辩证法：哲学片段》，渠敬东、曹卫东译，上海：上海人民出版社 2006 年。

59. 〔美〕詹姆斯·施密特：《启蒙运动与现代性：18 世纪与 20 世纪的对话》，徐向东、卢华萍译，上海：上海人民出版社 2005 年。

60. 〔英〕以赛亚·柏林：《浪漫主义的根源》，吕梁等译，南京：译林出版社 2008 年

61. 〔英〕以赛亚·柏林：《反潮流：观念史论文集》，冯克利译，南京：译林出版社 2002 年。

62. 〔法〕福柯：《规训与惩罚：监狱的诞生》，刘北城、杨远婴译，北京：生活·读书·新知三联书店 2003 年。

63. 〔英〕安东尼·吉登斯：《现代性的后果》，田禾译，南京：译林出版社 2000 年。

64. 〔英〕安东尼·吉登斯：《现代性与自我认同：现代晚期的自我与社会》，赵旭东、方文译，北京：生活·读书·新知三联书店 1998 年。

65. 〔美〕列奥·施特劳斯：《自然权利与历史》，彭刚译，北京：生活·读书·新知三联书店 2003 年。

66. 〔美〕沃格林：《没有约束的现代性》，张新樟、刘景联译，上海：华东师范大学出版社 2007 年。

67. 〔德〕卡尔·洛维特：《从黑格尔到尼采》，李秋零译，北京：生活·读书·新知三联书店 2006 年。

68. 〔德〕卡尔·洛维特：《世界历史与救赎历史》，李秋零、田薇译，北京：生活·读书·新知三联书店 2002 年。

69. 费孝通：《乡土中国》，北京：北京出版社 2004 年。

70. 张庆熊：《基督教神学范畴：历史的和文化比较的考察》，上海：上海人民出版社 2003 年。

71. 张庆熊：《社会科学的哲学：实证主义、诠释学和维特根斯坦的转型》，上海：复旦大学出版社 2010 年。

72. 汪民安、陈永国、张云鹏：《现代性基本读本》，开封：河南大学出版社 2005 年。

73. 赵林、邓守成：《启蒙与世俗化：东西方现代化历程》，武汉：武汉大学出版社 2008 年。

74. 韩升：《生活于共同体之中：查尔斯·泰勒的政治哲学》，北京：中国社会科学出版社 2010 年。

75. 郑戈："世俗时代的诸神对话：评查尔斯·泰勒的《一个世俗时代》"，《中国社会科学辑刊》2009 年 6 月。

76. 汲喆："如何超越经典世俗化理论？：评宗教社会学的三种后世俗化论述"，《社会学研究》2008 年第 4 期。

77. 尤西林："现代性与时间"，《学术月刊》2003 年第 8 期。

78. 杨凤岗："少林寺'世俗化'了吗？"，《河南社会科学》2007 年第 3 期。

79. 杨凤岗："宗教世俗化的中国式解读"，《中国民族报》2008 年 1 月 8 日第 6 版。

80. 高师宁："关于世俗化问题"，《世界宗教文化》1995 年第 4 期。

81. 高师宁："世俗化与宗教的未来"，《中国人民大学学报》2002 年第 5 期。

82. 李向平：""神圣化'或'世俗化'的双重悖论：从人间佛教发展的基本问题谈起"，《中国民族报》2008 年 1 月 29 日第 6 版。

83. 徐向东："查尔斯·泰勒、黑格尔与自由主义"，《哲学门》第 6 卷，2005 年第一册。

后　记

　　本书乃是在我的博士论文的基础上修订的。我并不期望一篇博士论文能对某个问题有多少突破性的贡献。本论文的写作，在更多的意义上来说，乃是对我个人学术修养的锻炼和精神意识的考察。这种锻炼和考察，往往不是靠一个人的孤军作战就能完成的。在这个意义上，论文中所涉及到的仁人先贤，都在我的精神之旅中扮演着引路者的角色。这次精神的相会，是在一种崇高的肃穆和庄严的孤寂中完成的。在此献上我的感谢！

　　有一个问题始终萦绕着我，那就是：世俗时代神圣生活是否可能？这个主题是我的导师张庆熊教授替我点明的，他说，一直以来，我的种种询问，都隐约地指向着这个问题。于是他建议我去研究"世俗化"这个课题，说这个课题不但是当代宗教社会学的核心问题，而且是一个可以直接切近我心灵追问的问题。他向我推荐了查尔斯·泰勒，并将一本厚厚的 *A Secular Age* 交到了我手中。对"查尔斯·泰勒与世俗化理论"的研究就是这样开始的。在博士论文写作期间，张老师对文章写作的切入点、结构布局、论题推进的方式，以及应该改进的问题等，都提出了意见，作了严格的把关。在此献上我的感谢！

　　复旦大学哲学学院宗教学系的各位老师，对我论文的写作和我个人成长的影响，也都是巨大的。从王雷泉老师身上，我看到的是公共知识分子的良心和宗教学学者的尊严。李天纲老师对我的影响是，一切学术问题，都应该放在思想史和现实的语境中来考察，他曾多次和我在课堂上讨论到查尔斯·泰勒。刘平老师不但向我提供了相关领域的研究资料，而且对我的论文作了认真的阅读，用红色字体将有问题的地方一一标示了出来。朱晓红老师对我的论文也提出了极其宝贵的建议，例如有关世俗化问题史的梳理和对查尔斯·泰勒在问题史中的定位等。郁喆隽老师更是向我提供了有关世俗化理论的讨论资料。另外，王新生老师、魏明德老师，对我的论文题目及行文等，也都提出了宝贵建议。在此献上我的感谢！

最后，我要将感谢献给维真学院（Regent College）。在 2009 年 7 月至 12 月半年的留学时期内，Dr. Loren Wilkinson 和 Dr. Craig Gay 对我的论文进行了讨论和指导，并提供了大量的参考资料，许志伟老师（Dr. Edwin Hui）和潘玉仪老师（Stella）对我的学习和生活都给予了无微不至的照顾。在此献上我的感谢！

对于在论文写作过程中给过我帮助，这里不能一一提到的师友们，一并献上我的感谢！

2014 年 10 月

青岛湛山